慕课示范项目成果配套教材
高职经管类精品教材

出纳实务

主　审　高克智
主　编　李　霞
副主编　汪丹丹　李　慧　张　曼
参　编　张长长　余　敏　尹　洁
　　　　张　丽　陈　颖

中国科学技术大学出版社

内容简介

本书系统介绍了出纳岗位的基本理论和操作实务,先从"出纳岗位认知与基本技能"出发,详细地介绍了出纳岗位的职责、要求,以及需要具备的基本技能,接着从具体工作任务入手,分别介绍现金收、付款业务,银行结算的各种方式与涉及的具体业务处理方法。

本书配套教学视频、PPT课件、题库等,适合高职高专院校会计类专业在校生学习、参考。

图书在版编目(CIP)数据

出纳实务/李霞主编. —合肥:中国科学技术大学出版社,2021.1(2024.7重印)
ISBN 978-7-312-05010-7

Ⅰ.出… Ⅱ.李… Ⅲ.出纳—会计实务—高等职业教育—教材 Ⅳ.F231.7

中国版本图书馆 CIP 数据核字(2020)第 118539 号

出纳实务
CHUNA SHIWU

出版	中国科学技术大学出版社 安徽省合肥市金寨路96号,230026 http://press.ustc.edu.cn https://zgkxjsdxcbs.tmall.com
印刷	合肥市宏基印刷有限公司
发行	中国科学技术大学出版社
经销	全国新华书店
开本	787 mm×1092 mm 1/16
印张	12
字数	300 千
版次	2021 年 1 月第 1 版
印次	2024 年 7 月第 2 次印刷
定价	35.00 元

前　言

出纳是每个单位都必须设置的会计岗位,担负着现金收付、银行结算、货币资金的核算、现金和有价证券的保管等重要任务,并在日常的收付业务中起着不可替代的监督、管理作用。出纳是一项综合性很强的工作,要想做好这项工作,仅有熟练的基本操作技能是远远不够的,还需要敏锐的业务分析、货币资金管理等综合能力。目前,我国高职院校的财会专业毕业生往往都是从出纳岗位干起的。出纳人员应该具备什么样的素质、知识和能力,是用人单位所关心的问题,而用人单位关心的问题也正是本书所关注的。

本书以培养学生成才、适应岗位需求为目标,以课程内在逻辑为主线,系统地介绍了出纳岗位的基本理论和操作实务。全书分为五个项目,凸显"岗位认知、任务驱动"的特色:主要介绍出纳岗位的职责与要求、出纳岗位需要具备的基本技能,并从具体工作任务入手,分别介绍现金收、付款业务,银行结算的各种方式与涉及的具体业务的处理方法。

本书的主要特点有:

1. 全面对接增值税改革

本书结合税收制度的新变化、新要求和新内容,同时融入企业会计准则新方法及《企业内部控制基本规范》对出纳岗位的要求,不断优化典型业务设计、完善出纳业务凭证,以提高学生专业核心能力。

2. 注重实践性与应用性

本书突出实际操作中的各个步骤,详细地介绍常用票据的填制方法,以更加直观的形式培养学习者的实践操作能力,帮助其认知真正的出纳岗位。本书对接实际工作,满足学生职业能力培养的需要,具有较强的针对性和适用性。

3. 体系结构科学合理,内容编排理实交融

本书根据高素质、高技能会计应用型人才培养要求及相关课程衔接需求,针对高职学生的特点与就业定位,结合"素能本位、岗位导向、理实一体"的嵌入式会计人才培养模式,通过简明、直观的图表把出纳岗位涉及的相关知识和方法融于实务操作过程,并结合内涵丰富的案例加以分析和讨论,以期更加符合出纳实务的教学目标和学生的认知规律,提高学生的学习兴趣,增强学习效果。

4. 教学配套资料齐全,可在线学习

本书配套教学视频(可扫描下方二维码观看)、教学课件(PPT)、题库等资源,可联系邮箱 ustcp@163.com 索取,以便学生利用碎片化时间随时随地进行学习和练习。

5. 对接实际工作,适用面广

本书可作为高等职业院校会计专业学生教材,以及成人教育和社会培训机构的会计培训教材,也可供企业会计从业人员培训及自学使用。

安徽工商职业学院李霞任本书主编,安徽工商职业学院汪丹丹、李慧、张曼任副主编。具体分工如下:项目一由李霞、汪丹丹合作编写,项目二由李慧编写,项目三由汪丹丹编写,项目四由李霞编写,项目五由张曼编写。高克智教授审定了编写大纲,并审核了全稿。深圳市因成财务顾问有限公司注册会计师张长长、安徽优联光电有限公司财务经理余敏、安徽外国语学院尹洁副教授、安徽工业经济职业技术学院财务处张丽、安徽工商职业学院陈颖副教授在教材编写过程中提出了宝贵意见和建议,在此一并向他们表示感谢。同时,也感谢厦门网中网软件有限公司为本书提供了教学案例。

本书是安徽省高等学校省级质量工程大规模在线开放课程(MOOC)示范项目"出纳岗位实务"(2016mooc031)、安徽工商职业学院院级品牌课程"出纳实务"(2019yjppkc17)的阶段性研究成果。

虽然我们为编写此书付出了很大的努力,但由于理论水平和实践经验有限,加之时间仓促,书中难免有疏漏之处,恳请广大读者批评指正。

李 霞
2020 年 5 月

目　录

前言 ……………………………………………………………………………………（ⅰ）

项目一　初识出纳 ……………………………………………………………………（1）
　任务一　出纳概述 …………………………………………………………………（2）
　任务二　出纳岗位职责 ……………………………………………………………（4）
　任务三　出纳工作要求 ……………………………………………………………（5）

项目二　出纳工作常识和基本技能 …………………………………………………（12）
　任务一　书写规范 …………………………………………………………………（12）
　任务二　点钞技术 …………………………………………………………………（18）
　任务三　验钞技术 …………………………………………………………………（31）
　任务四　保险柜的使用 ……………………………………………………………（51）
　任务五　支付密码器的使用 ………………………………………………………（55）
　任务六　印章和空白票据的保管 …………………………………………………（59）

项目三　现金管理业务 ………………………………………………………………（69）
　任务一　现金管理概述 ……………………………………………………………（70）
　任务二　现金收款业务 ……………………………………………………………（72）
　任务三　现金付款业务 ……………………………………………………………（78）
　任务四　现金结算业务会计核算 …………………………………………………（86）

项目四　银行结算业务 ………………………………………………………………（99）
　任务一　银行结算账户概述 ………………………………………………………（100）
　任务二　支票结算 …………………………………………………………………（110）
　任务三　银行本票结算 ……………………………………………………………（122）
　任务四　银行汇票结算 ……………………………………………………………（128）
　任务五　商业汇票结算 ……………………………………………………………（133）
　任务六　汇兑结算 …………………………………………………………………（143）
　任务七　委托收款结算 ……………………………………………………………（147）

任务八　托收承付结算 …………………………………………………… (152)
　　任务九　银行结算业务的会计核算 …………………………………… (155)

项目五　出纳档案保管与工作交接 ……………………………………… (171)
　　任务一　出纳档案保管 ………………………………………………… (172)
　　任务二　出纳工作交接 ………………………………………………… (175)

项目一 初识出纳

知识目标

理解出纳岗位的职责要求；
掌握出纳岗位的基本知识；
知晓相关法规及出纳人员的职业道德。

能力目标

正确认识出纳工作的内容；
能够知晓从事出纳工作需要具备的素质，以及作为管理者应如何组织出纳工作；
在应聘出纳工作时正确、全面地回答以上问题，为赢得工作机会以及更好地从事出纳工作打下基础。

案例导读

华盛实业股份有限公司拟招聘一名出纳人员，在面试时，除了提出一些涉及会计专业知识的问题外，还提出了一些用以考核应聘者对出纳岗位认知程度的问题，从而判断该应聘者是否能够胜任工作。这些问题包括："您为什么要应聘出纳岗位？""您认为出纳岗位有哪些具体工作？""您认为您具备从事出纳工作的哪些优势？""如果应聘成功，您今后还应提高哪些方面的素质？""您对'出纳就是收付货币资金的机器'这种观点认同吗？为什么？"等等。通过面试，公司负责招聘的人员发现，很多的应聘者对出纳岗位认识不深刻，除了生存需要外，不知道为什么要应聘这个岗位，更不能明确新时期出纳人员对公司的重要性，他们认为这样的应聘者今后不可能胜任出纳工作。

当前会计专业的学生毕业后从事的第一份财务工作，往往是出纳工作。作为新时期的出纳人员，仅有基本的业务操作技能是远远不够的，只有正确、全面地认识出纳岗位，才能发挥出纳人员对企业发展的推动作用，最大限度地促进企业发展。

任务一　出　纳　概　述

一、出纳的含义

在"出纳"一词中，"出"代表支出，"纳"代表收入，故出纳就是指与货币资金有关的收入与支出。随着经济的发展，出纳岗位已不只是人们通常认为的现金、票据收付的关卡，还是第一手会计信息的归集岗位，是外界观察一个单位管理水平和财务水平的窗口，其工作质量直接影响单位的财务管理水平和经营决策。出纳岗位是多功能的，在货币资金、票据收付的背后，还发挥着众多管理职能，可以说它是企业不可或缺的岗位。

出纳岗位与会计、稽核、会计主管等岗位组成会计工作的有机整体。现在的"出纳"包括出纳工作和出纳人员两层含义。

（一）出纳工作

出纳工作是指企业、机关、事业单位管理货币资金、票据和有价证券收付的一项工作。出纳工作是按照有关规定和制度，办理本单位的现金收付和银行结算，保管库存现金、有价证券、财务印章及有关票据，进行货币资金业务核算等工作的总称。

出纳工作有广义和狭义之分。从广义上讲，只要是与票据、货币资金及有价证券的收付、保管、核算有关的工作，都属于出纳工作。它既包括各单位会计部门专设出纳机构的各项票据、货币资金、有价证券收付业务的处理，票据、货币资金、有价证券的整理和保管，货币资金和有价证券的核算等各项工作，也包括各单位业务部门的货币资金收付、保管等方面的工作。狭义的出纳工作仅指单位会计部门专设出纳岗位或人员从事的各项工作。本书中的出纳工作是狭义上的概念。

（二）出纳人员

出纳人员是指从事出纳工作的人员。从广义上讲，出纳人员既包括会计部门的出纳工作人员，也包括业务部门的专职或兼职收银员、收款员和工资发放员等；从狭义上讲，出纳人员仅指单位会计部门从事资金收入和核算工作的人员。

【小贴士】
一般情况下，出纳人员指的是狭义的出纳人员，是会计部门的重要成员之一。

二、出纳机构与人员设置

（一）机构设置

根据《中华人民共和国会计法》（以下简称《会计法》）第二十一条第一款规定："各单位根据会计业务的需要设置会计机构，或者在有关机构中设置会计人员并指定会计主管人员。不具备条件的，可以委托经批准设立的会计咨询、服务机构进行代理记账。"《会计法》对各单位的会计、出纳机构与人员的设置没有做硬性规定，只是要求各单位根据业务需要设定。各单位可根据单位规模大小和货币资金管理的要求，结合出纳工作的繁简程度来设置出纳机构。

出纳机构一般设置在会计机构内部，如各单位在财会科或财会处内部设置专门处理出纳业务的出纳组或出纳室。规模小、人员少、业务简单的单位，可只指定一名专职或兼职出纳人员，但因为其工作的特殊性，一般也要设立专门的办公场所，并称之为出纳室或出纳组。

（二）出纳人员配备

出纳人员配备多少，主要决定于该单位出纳业务量的大小和繁简程度，要以业务需要为原则，既要满足出纳工作量的需要，又要避免流于形式、人浮于事。一般可采用以下几种形式：

（1）一人一岗。规模不大的单位，出纳工作量不大，可设专职出纳人员一名。

（2）一人多岗。规模较小的单位，出纳工作量较小，可设兼职出纳人员一名。如果无条件单独设置会计机构，那么至少要在有关机构（如单位的办公室、后勤部门等）中配备兼职出纳人员一名。但兼职出纳人员不得监管收入、费用、债权债务账目的登记工作、稽核工作和会计档案保管工作。

（3）一岗多人。规模较大的单位，出纳工作量较大，可设多名出纳，如分设现金出纳和银行出纳，或者分设管理收付的出纳和管账的出纳等。

三、出纳岗位设置应遵守的基本原则

（一）钱账分离原则

设置出纳岗位时，为了防范经济舞弊，保护公司货币资金、有价证券等财产的安全，应严格执行"管钱不管账、管账不管钱"的原则。这里的"账"，主要是指记录收入、费用和债权债务的明细账，现金、银行存款日记账还是应由出纳人员进行登记。

（二）内部牵制原则

有些岗位与出纳岗位兼任时，可能导致错误和舞弊行为的发生，不利于各岗位之间相互监督、相互制约，不能形成有效的制衡机制。这些岗位包括审核岗位和会计档案的保管岗位,所以在设置出纳岗位时,应注意岗位间的不相容性,以防止发生舞弊。

(三)设岗检查原则

在会计机构中设专门的岗位,定期、不定期检查出纳岗位的工作情况,以发现工作失误或舞弊行为,并及时进行纠正。

(四)经济责任原则

设置出纳岗位时,应明确该岗位的职责、内容,以及违反工作要求所要承担的责任。对由于出纳人员工作疏忽给企业造成的损失,有明确的惩罚措施,并保证在实际工作中能有效执行。

任务二 出纳岗位职责

一、出纳岗位的职责

根据《会计法》《会计基础工作规范》等财会法规的规定,出纳岗位具有以下职责:

(1)按照国家有关现金管理和银行结算制度的规定,办理现金收付和银行结算业务。出纳人员应严格遵守现金开支范围规定,非现金范围内的结算不得用现金收付;遵守库存现金限额规定,超限额的现金按规定及时送存银行;现金管理要做到"日清月结",账面余额与库存现金每日下班前应进行核对,发现问题及时查明原因。加强与各金融机构的沟通,正确办理银行存款的收付业务,银行存款日记账要与银行对账单及时核对,发现不相符之处,应及时查找原因;每月分析未达账项的原因,努力缩减长期未达账项。

(2)办理收付业务时,进行会计核算。根据会计制度的规定,在办理现金和银行存款收付业务时,要严格审核相关原始凭证,据此编制收、付款凭证,然后根据编制的收、付款凭证,逐笔序时登记现金日记账和银行存款日记账,并结出余额;能够根据会计核算资料,分析企业货币资金的使用情况是否合理,编制货币资金变动情况的财务分析报表。

(3)按照国家外汇管理和结汇制度的规定及有关批件,办理外汇出纳业务。办理外汇出纳业务是一项政策性很强的工作。随着改革开放的深入发展,国际间经济交往日益频繁,外汇出纳也越来越重要,出纳人员应熟悉国家外汇管理制度,及时办理结汇、购汇和付汇业务,避免国家外汇损失。

(4)严格规范支票和银行账户的使用和管理。掌握银行存款余额,避免签发空头支票;不出租、出借银行账户为其他单位办理结算;作废支票应加盖"作废"戳记并与存根一并保存;支票遗失,应立即向银行办理挂失手续,以防止经济犯罪,维护经济秩序,堵塞结算漏洞。

(5)保障库存现金和各种有价证券的安全与完整。要建立适合本单位情况的现金和有价证券保管制度。如果发生短缺,属于出纳人员责任范围的,那么出纳人员要进行赔偿。

（6）保管有关印章、空白收据和空白票据。对于空白收据和空白票据，应专设登记簿进行登记，认真办理领用注销手续，严格管理印章、空白收据和空白票据。在实际工作中，因丢失印章和空白票据给单位带来经济损失的不乏其例。对此，出纳人员必须高度重视。交由出纳人员保管的出纳印章，要严格按规定用途使用，各种票据要办理领用和注销手续。

（7）认真保管好现金及银行收付凭证、现金日记账及银行存款日记账等档案资料。

二、出纳岗位核算内容

根据出纳岗位的职责，出纳岗位的日常核算工作主要是对企业的现金、银行存款等货币资金进行连续、系统、全面、综合的记录和计算，并提供准确可靠的会计信息，具体如下：

（1）负责填制和审核各种结算凭证。

（2）设置并登记现金银行存款日记账。

（3）现金银行存款的经济业务核算。

（4）负责保管印章和空白票据。

【小贴士】
会计机构内部应当建立稽核制度，出纳人员不得兼管稽核，会计档案保管和收入、费用、债权债务账目的登记工作。

任务三　出纳工作要求

一、出纳工作的特点

任何工作都有自身的特点和工作规律，出纳是会计工作的组成部分，具有一般会计工作的本质属性。但它又是一个专门的岗位、一项专门的技术，因此具有独有的工作特点。

（一）出纳工作的专业性

出纳工作作为会计工作的一个重要岗位，需要专门的操作技术和工作规则，需要通过专门的学习才能胜任，包括鉴别现钞的真伪、银行结算业务的办理、会计凭证的填制、日记账的登记、各种财务用品的使用和货币资金的管理等。因此，从事出纳工作，不仅要有扎实的会计专业基础知识，还要熟练地掌握出纳工作的基本技能。与此同时，要求出纳人员在实践中不断积累经验，掌握工作要领，熟练使用现代化办公工具。

（二）出纳工作的基础性

出纳工作是整个会计工作中最基础的环节，企事业单位的会计核算是从出纳业务核算开始的,每个单位都必须配备出纳人员。同时,出纳人员是会计队伍中不可缺少的,许多会计人员的职业生涯都是从出纳开始的,出纳是直接接触单位各项业务的岗位。例如,出纳人员通过付款,可以了解到单位的供应商名称及分布区域、所需原材料和设备的种类、各种物资的采购折扣等信息;通过收款,可以了解到单位的客户名称及分布区域、销售产品的种类、各产品的销售折扣等信息。这些都充分说明了出纳工作的重要性。

(三) 出纳工作的社会性

出纳工作负责一个单位货币资金的收付、存取,而这些任务的完成是置身于整个社会经济活动的大环境之中的,是和整个社会的经济运转相联系的。出纳工作直接参与企业的经济活动,处于经济活动的第一线。只要这个单位发生经济活动,就必然要求出纳人员与之发生经济关系。例如,出纳人员要了解国家有关财会政策法规,并参加这方面的学习和培训;出纳人员要经常跑银行等。因此,出纳工作具有广泛的社会性。

(四) 出纳工作的政策性

出纳工作是一项政策性很强的工作,每个环节都必须依照国家规定进行。例如,办理现金收付要按照国家现金管理规定进行,办理银行结算业务要根据国家银行结算办法进行。《会计法》《会计基础工作规范》等法律法规都把出纳工作并入会计工作中,并对出纳工作提出具体的规定和要求。出纳人员不掌握这些政策法规,就做不好出纳工作;不按这些政策法规办事,就违反了财经纪律。

(五) 出纳工作的时间性

出纳工作对时间的要求很严格。何时核对银行的对账单,何时发放职工工资,何时支付贷款利息等都有严格的时间要求,一天都不能延误。对于现金日记账和银行存款日记账,出纳要逐笔序时登记,做到"日清月结"。出纳人员只有及时办理好各项工作,才能保证出纳工作的质量。

(六) 出纳工作的频繁性

货币资金是企业的血液,时时刻刻都在流动并发生变化,而企业承担货币资金划拨给付业务的窗口就是出纳岗位。出纳人员每天都进行着大量的货币资金及有价证券的收付工作,每月都需要完成结账、对账、编制各账户银行存款余额调节表等工作。这些决定了出纳工作具有频繁性的特点。

二、出纳人员的素质要求

出纳人员肩负着本单位全部货币资金和有价证券的收支、保管、核算任务,掌管着本单位全部票据,责任重大。由于出纳岗位的特殊性,做好这项工作并不是件很容易的事,它要求出纳人员具有较高的政策水平、熟练高超的业务技能、严谨细致的工作作风和敏感的安全意识。

（一）出纳人员的职业道德

1. 爱岗敬业

要求出纳人员热爱本职工作，安心本职岗位，忠于职守，尽心尽力，尽职尽责。

2. 诚实守信

要求出纳人员做老实人，说老实话，办老实事，执业谨慎，信誉至上，不为利益所诱惑，不弄虚作假，不泄露秘密。

3. 廉洁自律

要求出纳人员遵纪守法，公私分明，不贪不占，清正廉洁。

4. 客观公正

要求出纳人员端正态度，依法办事，实事求是，不偏不倚，保持应有的独立性。

5. 坚持准则

要求出纳人员熟悉国家法律、法规和国家统一的会计制度，始终坚持按法律、法规和国家统一的会计制度要求进行会计核算，实施会计监督。

6. 提高技能

要求出纳人员增强提高专业技能的自觉性和紧迫感，勤学苦练，刻苦钻研，不断进取，提高业务水平。

7. 参与管理

要求出纳人员在做好本职工作的同时，努力钻研相关业务，全面熟悉本单位经营活动和业务流程，主动提出合理化建议，协助领导决策，积极参与管理。

8. 强化服务

要求出纳人员树立服务意识，提高服务质量，努力维护和提升会计职业的社会形象。

（二）出纳人员的职业技能

出纳人员不仅要具备基本的会计专业知识，还要掌握一定的出纳专业知识和出纳操作技能。

1. 数字运算技能

出纳的数字运算往往是在结算过程中进行的，要按计算结果当场开出票据或收付现金，速度要快，又不能出错。这和事后的账目计算有着很大的区别，账目计算错了，可以按规定方法更改，但钱算错了就不一定说得清楚，不一定能"改"得过来。所以，出纳人员要有很强的数字运算能力，不管是使用计算机、算盘、计算器，还是使用其他运算器，都必须具备较快的速度和非常高的准确性。在"快"和"准"的关系上，出纳人员要把"准确"放在第一位，要"准"中求"快"。现在出纳人员的运算能力重点在于培养小键盘的操作能力。

2. 反假货币技能

出纳人员几乎每天都要收付若干现金，具有真假人民币的辨别能力非常重要，掌握过硬的钞票识别技术可以减少单位和个人的损失。

3. 票据整点技能

虽然现在一般单位均配备财务点钞机，但作为一名称职的出纳人员，点钞是必备技能，在点钞机点过后,人工复核是一个必要的工作流程。因此,出色的点钞技能可以有效地提高工作效率,减少差错的发生。

4. 数码字书写技能

要苦练汉字、阿拉伯数字的书写,提高写作能力。见字如见人,一张书写工整、填写齐全、摘要精炼的票据能体现出一名出纳人员的工作能力。

5. 计算机操作技能

现在不少会计账务处理都是通过计算机来完成的,部门之间的往来业务,包括记账、对账、结账等日常工作都实现了电算化。因此,掌握一定的计算机操作技能,对提高出纳工作效率和工作质量有着较大的帮助。

知识拓展

女出纳员模仿签字吞巨款　防范风险需从小处入手

7月28日,朝阳法院开庭审理一起涉嫌职务侵占罪的刑事案件。上午10点正式开庭,小凡(化名)被两名法警带上法庭,她身材高挑、梳马尾辫、皮肤白皙、面容姣好。整个庭审过程中,小凡的情绪都较为平静。而坐在旁听席上的她的父母则情绪激动,母亲一直流着眼泪。据检方指控,小凡于2015年1月至2018年8月,利用在某外资公司担任董事长助理兼出纳的职务之便,以支取现金、银行转账等手段,侵占该公司资金共计8 000余万元,现已退赔6 000余万元。法庭上,小凡认罪。她供述称,自己是家里的独生女,毕业于北京交通大学,在某银行工作3年后来到该外资公司任董事长助理兼出纳。2015年3月左右,她开始使用现金支票直接从公司在平安银行的对公账户内提取现金,并直接存到自己在建行的账户内,然后从外面找来发票把公司的账做平。检方证据显示,小凡从公司账户上转出152笔共计约7 779万元至自己的个人账户,并直接提现800余万元。如何从公司账户转出巨额公款还不被发现?小凡称,公司章、财务章,甚至公司银行账户的网银U盾都由她保管。大部分被侵占的公款都是她通过网银转账、银行转账或者提现获得。为了让会计平账,她还模仿董事长签字,以董事长的名义伪造借条、伪造有董事长签名的支出凭证,或者将自己用侵占款消费得到的奢侈品发票交给会计做账。小凡说:"公司没有任何制约、干涉措施,虽然有两名会计,但转账过程中不需要任何人审核。"她正是利用了公司财务上的管理漏洞,长时间侵占公款而未被发现。

3年零7个月,小凡共计挪用了7 779万元,如此巨额的资金缺漏,这么长的时间未能被及时发现,一方面说明公司的资金量充足,而另一方面却反映了该公司缺乏相应的监督与检查机制。当公司达到一定的规模,就非常有必要建立独立的审计或其他监督部门,定期对公司的资金、资产等进行检查。其实,在大多数的舞弊案例中,舞弊人员并不是采用了高科技手段进行犯罪,而是利用公司现有的制度设计漏洞,将细微的"伤口"不断拉伸,因为缺乏必要的检查,该"伤口"会越来越大,给公司造成严重的创伤。所以对于任何一家企业而言,都应该认识到内控的重要性,定期识别和诊断公司目前存在的风险,然后再根据风险的大小判断是否要采取必要的措施进行防控。

通过本案例可以看出,该公司的资金管理十分混乱,缺乏有效的控制手段,不相容职责未分离、财务审核不严格、未按照资金支付相关程序执行等,最终导致公司大额资金的流失。从案例中可以看出,公司董事长对小凡非常信任,将公章、财务章甚至公司银行账户的网银U盾都交由她保管,让她有机可乘。也正是因为董事长对她过于信任,公司的财务会计才会对她提交的发票不经审核一律放行。从内控角度来看,这家公司在财务管理方面有着严重的内控缺陷,具体表现在以下几个方面:

从舞弊数额以及未能及时发现这一点来看,该公司应该是一家有着一定规模的中大型企业。然而企业居然连财务章与公章需要分开保管这一基本的财务管理要求都没有做到,这对任何一家公司来说都是巨大的风险。这两枚章一旦一起使用在支付或承兑汇票等财务票据上,就可以直接从银行提取现金或转账。

此外,小凡一方面作为出纳,可在网银上提交资金支付申请,另一方面她又保管网银U盾,这就意味着她既能执行网银支付的发起申请工作,也可承担网银支付的审核与审批职能。她可以随时通过网银从公司账户里划走款项,这也是不可想象的漏洞。

案例中还有这样一处细节:为了让会计平账,她还模仿董事长签字,以董事长的名义伪造借条、伪造有董事长签名的支出凭证,或者将自己用侵占款消费得到的奢侈品发票交给会计做账。由此可以看出,财务人员在进行票据或其他凭证审核时很不严谨,或者是有针对性的不严谨。财务人员出于对董事长的敬畏,不敢对他及其助理提报的财务凭证进行质疑,而小凡也抓住了财务人员这一心理从而实施她的舞弊行为。这里需要特别指出的是,对于模仿签字财务人员或许可以说是不熟悉董事长的字体而无法发现,但是对于奢侈品发票不进行核验就有些说不过去了,因此该公司的财务人员在票据审核方面存在着严重疏漏。

1. 出纳指的是与货币资金有关的收入与支出。通常所说的出纳指的是狭义的出纳工作和出纳人员。企业可以根据自身的会计业务需要设置出纳机构,配备出纳人员,但要符合相关法律法规的规定。

2. 出纳岗位职责是按照有关规定和制度,办理本单位的现金收付、银行结算,保管库存现金、有价证券、财务印章及有关票据,并进行货币资金业务核算等相关工作。

3. 出纳工作具有专业性、基础性、社会性、政策性、时间性和频繁性的特点,因而从事出纳工作的人员应具备一定的职业素养和职业技能。

拓展训练

一、单项选择题

1. 保密守信,不为利益所诱惑,体现的会计职业道德是(   )。
   A. 参与管理   B. 廉洁自律   C. 提高技能   D. 诚实守信

2. 忠于职守、尽职尽责,体现的会计职业道德是(   )。
   A. 爱岗敬业   B. 廉洁自律   C. 客观公正   D. 提高技能

3. 出纳人员向银行工作人员请教辨别假钞的技术,属会计人员职业道德(   )要求。
   A. 爱岗敬业   B. 提高技能   C. 参与管理   D. 强化服务

4. 不属于出纳工作内容的有(   )。
   A. 编制会计报表   B. 登记现金日记账   C. 办理银行结算   D. 保管空白支票
5. 钱账分管原则是指出纳人员不得登记(   )账目。
   A. 总账
   B. 收入、费用、债权债务明细账
   C. 现金日记账
   D. 银行存款日记账

二、多项选择题

1. 出纳人员的配备一般可采用(   )。
   A. 一人一岗   B. 一人多岗   C. 一岗多人   D. 多人多岗
2. 出纳人员不得兼管(   )工作。
   A. 稽核
   B. 会计档案保管
   C. 收入账目登记
   D. 现金日记账登记
3. 实行回避制度单位的会计机构负责人、会计主管人员的(   )不能在本单位担任出纳工作。
   A. 配偶   B. 儿女   C. 兄弟   D. 伯父
4. 回避制度中指的直系亲属是指(   )。
   A. 夫妻关系
   B. 直系亲属关系
   C. 三代以内旁系血亲
   D. 近姻亲关系
5. 会计人员职业道德规范包括(   )。
   A. 爱岗敬业、诚实守信
   B. 廉洁自律、客观公正
   C. 坚持准则、提高技能
   D. 参与管理、强化服务
6. 以下各项属出纳人员业务范围的有(   )。
   A. 保管库存现金和有价证券
   B. 保管空白支票和空白收据
   C. 保管有关印章
   D. 保管会计档案
7. 下列收、付款业务做法正确的有(   )。
   A. 收款时,先收款后记账
   B. 收款时,先记账后收款
   C. 付款时,先付款后记账
   D. 付款时,先记账后付款
8. 单位因实际需要使用空白转账支票结算时,经单位领导同意后,应在空白支票上填写下列哪些内容后才可(   )。
   A. 填写好支票日期
   B. 填写好收款单位
   C. 填写好支票用途
   D. 在支票的右上角加注"限额××元"字样
9. 设置出纳岗位的基本原则包括(   )。
   A. 钱账分离原则   B. 内部牵制原则   C. 定期检查原则   D. 经济责任原则
10. 属于出纳岗位职责的有(   )。
    A. 按照国家有关现金管理和银行结算制度的规定,办理现金收付和银行结算业务
    B. 严格支票和银行账户的使用和管理,掌握银行存款余额,避免签发空头支票
    C. 保管库存现金和各种有价证券的安全与完整
    D. 认真保管好现金及银行收付凭证、现金日记账及银行存款日记账等档案资料

三、判断题

1. 出纳人员临时有事,可以由会计代替出纳的工作。（　）
2. 出纳人员不得兼管稽核、会计档案保管和收入、费用、债权债务账目的登记工作。（　）
3. 国家机关、国有企业、事业单位的会计机构负责人、会计主管人员的直系亲属不得在本单位会计机构中担任出纳工作。（　）
4. 出纳工作是按照有关规定和制度,办理本单位的现金收付、银行结算,保管库存现金、有价证券、财务印章及有关票据,进行货币资金业务核算等工作的总称。（　）
5. 从广义上讲,出纳工作是指各单位会计部门专设出纳岗位或人员从事的各项工作。（　）
6. 出纳工作不需要专业学习,可以直接上手操作。（　）
7. 出纳岗位是企业收入货币资金的窗口,并不参与企业的管理。（　）
8. 出于对钱账分管原则的遵守,出纳人员不得登记现金日记账。（　）

四、简答题

1. 怎样成为一名合格的出纳会计。
2. 谈一谈建立出纳会计内部控制制度的重要性。
3. 简述出纳岗位设置应遵守的基本原则。

五、案例题

案例一

小张与小李都是会计专业应届毕业生,两人同时应聘长江科技有限公司的会计职位。财务经理对两人的面试表现都十分满意。在等待通知期间,小张、小李分别接到财务经理的电话:单位的出纳休产假3个月,担任会计期间可以兼任出纳吗?小张说:"没问题!年轻人应该在实践工作中多锻炼。"小李说:"不合适,会计不可以兼任出纳,经理还是另做安排吧。"

分组讨论,结合自己现有的知识进行判断并回答:

长江科技有限公司最终应录用小张还是小李?为什么?

案例二

小张是某公司的出纳,一直勤勤恳恳,任劳任怨,出纳工作做得非常出色,因此领导非常喜欢他。有一天,公司长期的合作伙伴元阳公司的业务人员小赵来小张处付清上月所欠的零星材料款900元,两人闲聊了一会,结果小赵走的时候忘了让小张开具900元材料款的发票。小张看着空无一人的财务室和抽屉里躺着的红艳艳的9张百元大钞,心里开始挣扎:自己家庭条件不好,900元比自己半个月的工资还多,两家公司的业务往来非常密切,谁都不会记得有这笔小小的零星材料款,而且今天办公室同事都去开会了,发票都没开,要不……

分组讨论,每组选一名代表回答:

1. 作为一名出纳人员,小张应该如何做呢?
2. 如果小张把900元装进自己的口袋,那么他违背了什么职业道德?会有怎样的后果呢?

项目二　出纳工作常识和基本技能

知识目标

掌握数码字和文字的书写规范；
掌握点钞技术和清点硬币方法；
熟悉人民币的防伪特征与鉴定方法；
了解保险柜的使用方法；
掌握支付密码器的操作方法；
了解印章的使用管理规定和空白票据的保管方法。

能力目标

正确规范地书写大小写财会数字；
正确熟练地清点纸币和硬币；
正确识别货币的真伪；
正确规范地使用保险柜；
准确地进行计算支付密码操作。

案例导读

天隆公司是一家专业的办公家具生产商，丁一是该公司新近招聘的出纳人员。在2019年2月6日的工作中填写了几张原始凭证，其中的金额部分他是这样写的：

1. 小写金额为3 200元，大写金额为"人民币：叁仟贰佰元整"；
2. 小写金额为108 000.00元，大写金额为"人民币拾万捌仟元整"；
3. 小写金额为4 500.96元，大写金额为"人民币肆仟伍佰零玖角陆分"。

请指出丁一数字书写中的错误。

任务一　书　写　规　范

会计书写规范是指会计工作人员在经济业务活动的记录过程中，对涉及的数码字和文字的书写规范及要求。会计工作离不开书写,没有规范的书写会计工作就没有质量。书写规范也是衡量一名会计工作人员业务素质高低的标准之一。一名合格的会计人员,首先书写应当规范,这样才能正确、清晰地书写计算结果,为决策者提供准确、可靠的会计信息,更好地为经济决策服务。财会书写的内容主要包括阿拉伯数字的书写、数字大写以及汉字书写。

财会书写基本规范包括:

(1) 正确。业务发生过程中的数字和文字要准确、完整地记录下来,这是书写的基本前提。对于发生的经济业务,只有正确地反映其发生的全过程、内容及结果,书写才有意义。

(2) 规范。有关经济活动的记录书写一定要符合财会法规和会计制度的各项规定,符合对财会人员的要求。记账、核算、分析、编制报表都要书写规范、数字准确、文字适当、分析有理,要严格按书写格式书写,文字以国家公布的简化汉字为标准,数码字按规范要求书写。

(3) 清晰。字迹清楚,容易辨认,账目条理清晰,使人一目了然,无模糊不清之感。

(4) 整洁。账面干净、清洁。文字、数码字、表格条理清晰,整齐分明。书写字迹端正,大小均匀,无参差不齐及涂改现象。

(5) 美观。除准确、规范、整洁外,书写还要结构合理,字迹流畅、大方,给人以美感。

一、数字的书写

数字是指表示数目的书写文字,是构成数的基本元素之一。目前,使用最为广泛的数字是阿拉伯数字,它已经成为世界各国的通用数字。规范的阿拉伯数字书写要符合手写体的规范要求,书写顺序是由高位到低位、从左到右依次写出各位数字。数码字的书写包括阿拉伯数字的书写和阿拉伯数字金额的书写。

(一) 阿拉伯数字的书写

阿拉伯数字的书写要求如下:

(1) 各个数字要大小匀称、笔画流畅,每个数字独立有形,不能连笔书写,要让使用者一目了然。

(2) 每个数字要紧贴底线书写,但上端不可顶格,其高度占全格的1/2至2/3,要为更正错误数字留有余地。除"6""7""9"外,其他数字高低要一致。书写"6"时,上端比其他数字高出1/4;书写数字"7""9"时,下端比其他数字低出1/4。写"0"时不能有缺口;写"8"时上方不能开口;"4"的两竖要平行;"9"不能开口和留尾巴。如图2-1所示。

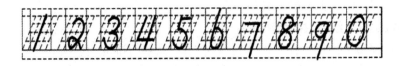

图2-1 阿拉伯数字书写

(3) 各个数字排列有序,并且数字要有一定倾斜度。各数字的倾斜度要一致,一般要求上端一律向右顺斜30度到45度。

（4）书写数字时，各数字从左至右排列，笔画顺序是自上而下、先左后右，并且每个数字大小一致，数字间的空隙应保持一定距离，且距离相等，各个数字的上下左右要对齐，在印有数位线的凭证、账簿、报表上，每一格只能写一个数字，不得几个字挤在一个格子里，更不能在数字中间留有空格。

（5）会计数字的书写必须采用规范的手写体书写，这样才能使会计数字规范、清晰，符合会计工作的要求。

（6）会计工作人员要保持个人的独特字体和书写特色，以防止别人模仿或涂改。会计数字书写时，除"4"和"5"以外的数字，必须一笔写成，不能人为地增加数字笔画。

（7）对于易混淆且笔顺相近的数字，在书写时，尽可能地按标准字体书写，区分笔顺，避免混同，以防涂改。例如，"1"不可写得过短，要保持倾斜度，将格子占满，这样可防止改"1"为"4""6""7""9"；书写"6"时要顶满格子，下圆要明显，以防止改"6"为"8"；"7""9"的落笔可延伸到底线下面；"6""8""9""0"的圆必须封口。

（8）小写数字书写要采用"三位分节制"记数法。对于整数位在四位或四位以上的数，从个位起，向左每三位数字作为一节，用空格或分节点"，"隔开，如 7 530 580 或 7,530,580。

（二）阿拉伯数字金额的书写

1. 阿拉伯数字前应写明币种符号

币种符号与阿拉伯数字金额之间不得留有空白。凡阿拉伯数字前有币种符号的，数字后边不再写单位。以元为单位的阿拉伯数字，除表示单价外一律写到角分；无角分的，角分位写"00"；有角无分的，分位应写"0"，不得写符号"—"。书写示例：正确写法"￥153.80"，错误写法"￥ 153.80元"。

2. "￥"的用法

阿拉伯数字表示的金额为小写金额，书写时应采用人民币符号"￥"。"￥"是汉字"元"拼音首字母的变形，它既代表人民币的币制，又表示人民币的单位"元"。人民币符号"￥"只应用于填写票证（发票、支票、存单、记账凭证等），在登记账簿、编制报表时，一般不能使用"￥"。

3. 没有数位分隔线的数字金额书写

凭证、账簿上预先没有印刷数位分隔线的，小写金额元以上每三位空 1/4 格，也可以每三位一节用分位号分开，元和角之间要点上小数点。除表示单价等情况外，小写金额一律要写到角分。有角无分的，在分位上写"0"，如"5.70元"不能写成"5.7"或"5.7—"；无角分的，仍在元以后点上小数点，并在后面写"00"，或在字体高度中间画横线"—"，如"9.00元"或"9.—元"都是正确写法，但不能写成"9元"。

4. 印有数位分隔线的数字金额书写

如果凭证、账簿上预先印有数位分隔线，小写金额要对准元、角、分位置书写。只有角、分位金额的，在元位上不写"0"；只有分位金额的，在元、角位均不写"0"。有角无分的，在分位上写"0"；角、分位均没有金额的，在角、分位分别写一个"0"字。如表2-1所示。

表 2-1 数字小写金额书写

没有数位分隔线	会计凭证账表上的小写金额栏							
	有数位分隔线						
	万	千	百	十	元	角	分
¥ 0.06						¥	6
¥ 0.70					¥	7	0
¥ 3.00				¥	3	0	0
¥ 15.07			¥	1	5	0	7
¥ 528.05		¥	5	2	8	0	5
¥ 5 030.50	¥	5	0	3	0	5	0

（三）数码字书写错误的更正方法

数码字书写错误一般采用画线更正法。画线更正法是指在包含错误数字的全部数字正中间画一条红线，表示注销，然后将正确的数字写在被注销数字的上方，并由更改人员在更正处加盖经手人私章，以示对此负责。只要写错一个数字，不论在哪一位，一律用红线全部画掉，在原数字的上边对齐原位写上正确数字。如图 2-2 所示。

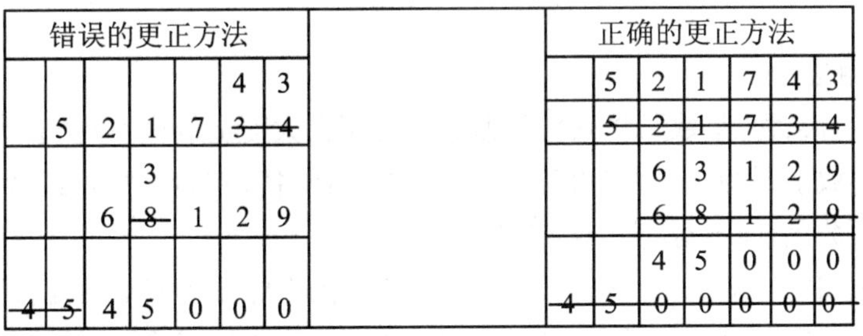

图 2-2 画线更正法

二、文字书写

文字书写是指汉字书写。与经济业务活动相联系的文字书写包括数字的大写、企业名称、会计科目、费用项目、商品类别、计量单位以及摘要、财务分析报表等的书写。

（一）文字书写的基本要求

1. 简明、扼要、准确

用简短的文字把经济业务发生的内容记述清楚，在有格限的情况下，文字数目多少，要以写满但不超出该栏格为限。会计科目要写全称，不能简化，子、细目要准确，符合会计制度的规定，不能用表述不清、记叙不准的语句或文字。

2. 字迹工整清晰

字迹工整清晰是指用正楷或行书书写,不能用草书;字号不宜过大,一般上下要留空隙,也不宜过小;文字不能过于稠密,要适当留字距;字形不能写得大小不一。

(二)中文大写数字的写法

"壹""贰""叁""肆""伍""陆""柒""捌""玖""零""亿""万""仟""佰""拾""元""角""分""整"等一律用正楷或者行书书写,不得任意自造简化字。中文大写数字用于填写需要防止涂改的销货发票、银行结算凭证、收据等,因此在书写时不能写错。如果写错,则本张凭证作废,需重新填制凭证。中文大写数字字形庄重,笔画繁多,可防篡改,有利于避免混淆和经济损失。

中文大写数字的书写规范如下。

1. 大写金额前要冠以"人民币"字样

"人民币"与金额首位数字之间不留空位,数字之间更不能留空位,货币名称后不能用冒号。

【实例2-1】正确写法:"人民币捌佰伍拾元整"。

错误写法:"人民币　　捌佰伍拾元整"或"人民币:捌佰伍拾元整"。

其他实物单位的大写前要加实物名称或"计""合计""总计"等字样。

【实例2-2】将52 518吨煤炭表示成大写数字"煤炭伍万贰仟伍佰壹拾捌吨整"或"煤炭计伍万贰仟伍佰壹拾捌吨整"。

2. "整"的用法

"整"的原始含义为"整数",将其作为截止符应用在大写金额中,可防止大写金额被人涂改。即大写金额数字到"元"或者"角"为止的,在"元"或者"角"后写"整"或者"正";大写金额数字有"分"的,"分"后面不写"整"或者"正"。

【实例2-3】将"¥4 820.00"表示为大写金额"人民币肆仟捌佰贰拾元整"。

【实例2-4】将"¥7 045.80"表示为大写金额"人民币柒仟零肆拾伍元捌角整"。

3. "零"的用法

大写数字"零"的写法主要取决于小写数字中"0"出现的位置。

(1) 小写数字中间有一个"0"时,大写一般要写"零"。

【实例2-5】将"¥5 607.00"表示为大写金额"人民币伍仟陆佰零柒元整"。

(2) 小写数字中间有连续几个"0"时,大写一般只写一个"零"。

【实例2-6】将"¥410 006.00"表示为大写金额"人民币肆拾壹万零陆元整"。

(3) 小写数字末尾有"0"的,大写一般不写"零"。

【实例2-7】将"¥5 200.00"表示为大写金额"人民币伍仟贰佰元整"。

(4) 小写数字元位是"0",或者数字中间连续有几个"0"、元位也是"0",但角位不是"0"时,大写金额可以只写一个"零",也可以不写"零"。

【实例2-8】将"¥3 670.54"表示为大写金额"人民币叁仟陆佰柒拾元零伍角肆分"或"人民币叁仟陆佰柒拾元伍角肆分"。

【实例2-9】将"¥6 500 000.78"表示为大写金额"人民币陆佰伍拾万元零柒角捌分"或

"人民币陆佰伍拾万元柒角捌分"。

（5）小写数字元位和角位是"0"，但分位不是"0"时，大写金额只写一个"零"。

【实例 2-10】 将"￥504 710.05"表示为大写金额"人民币伍拾万零肆仟柒佰壹拾元零伍分"。

（6）小写分位是"0"时，可不写"零分"字样，后加"整"。

【实例 2-11】 将"￥6.50"表示为大写金额"人民币陆元伍角整"。

（7）表示位的文字前必须有数字。如"￥10.00"应写作"人民币壹拾元整"，而不是"人民币拾元整"。

（8）切忌用其他字代替，如"零"不能用"另"代替、"角"不能用"毛"代替等。

（9）票据和结算凭证的金额不许涂改。

为了防止作弊，银行、单位和个人填写的各种票据和结算凭证中的中文大写金额一律不许涂改，一旦写错，则该凭证作废，需要重新填写。因此，会计人员在书写中文大写数字时必须认真填写，以减少书写错误的发生。

（三）中文大写金额错误写法举例

【实例 2-12】 小写金额为 8 500 元。
正确写法："人民币捌仟伍佰元整"，
错误写法："人民币:捌仟伍佰元整"，
错误原因："人民币"后面多一个冒号。

【实例 2-13】 小写金额为 107 000.00 元。
正确写法："人民币壹拾万零柒仟元整"，
错误写法："人民币拾万柒仟元整"，
错误原因：漏写"壹"和"零"。

【实例 2-14】 小写金额 70 036 000.00 元。
正确写法："人民币柒仟零叁万陆仟元整"，
错误写法："人民币柒仟万零叁万陆仟元整"，
错误原因：多写一个"万"。

【实例 2-15】 小写金额 45 000.96 元。
正确写法："人民币肆万伍仟元零玖角陆分"，
错误写法："人民币肆万伍仟零玖角陆分"，
错误原因：漏写一个"元"。

【实例 2-16】 小写金额 160 001.00 元。
正确写法："人民币壹拾陆万零壹元整"，
错误写法："人民币壹拾陆万元另壹元整"，
错误原因：将"零"写成"另"，多出一个"元"。

（四）中文大写票据日期的书写要求

实际工作中，经常要填写支票、汇票和本票，这些票据的出票日期必须使用中文大写。

为防止变造票据的出票日期,在填写月、日时,月为"壹""贰"和"壹拾"的,日为"壹"至"玖"和"壹拾""贰拾""叁拾"的,应在其前加"零";日为"拾壹"至"拾玖"的,应在其前加"壹"。例如,1月15日应写成"零壹月壹拾伍日",10月20日应写成"零壹拾月零贰拾日",2009年4月8日应写成"贰零零玖年肆月零捌日"。

任务二 点 钞 技 术

点钞技术是出纳人员必须掌握的一项基本业务技能。点钞方式按是否使用工具分为手工点钞和机器点钞。手工点钞可以分为手持式点钞和手按式点钞。出纳人员整点票币时,不仅要做到点数准确无误,还必须对损伤票币、伪造币及变造币进行挑拣和处理,保证点钞的质量和速度。为了提高自身的点钞技术水平,出纳人员除了掌握一定的票币整点方法和鉴别知识外,还应在平时多学多练,这样才能在工作时得心应手,顺利完成工作任务。

一、手工点钞技术

(一)手工点钞工序

1. 点钞的基本程序

出纳人员在点钞时,一般按照下列程序办理:

(1)审查现金收、付款凭证及其所附原始凭证的内容,看其是否填写齐全、清楚,两者内容是否一致。

(2)依据现金收、付款凭证的金额,先清点整数(即大数),再清点零数(即小数)。即先清点大额票面金额,再依次清点小额票面金额;先清点成捆的(暂不拆捆)、成把(卷,指铸币)的(暂不拆把、卷),再清点零数。

(3)在点数过程中,一般应一边点数,一边在算盘或者计算器上加计金额,点数完毕,算盘或计算器上的数字和现金收、付款凭证上的金额与清点的票面金额三者应相同。

(4)从整数至零数,逐捆、逐把、逐卷地拆捆点数,在拆捆、拆把、拆卷时应暂时保存原有的标签、封条和封纸,点数无误后才可扔掉。

(5)点数完毕后,即可办理具体的现金收存业务。

2. 点钞的基本环节

点钞是从拆把开始到扎把为止这样一个连续、完整的过程。它一般包括拆把持钞、清点、记数、墩齐、扎把、盖章等环节。要加速点钞速度,提高点钞水平,必须把各个环节的工作做好。

(1)拆把持钞。成把清点时,首先需将腰条纸拆下。拆把时可将腰条纸脱去,保持其原状,也可将腰条纸用手指勾断。通常初点时采用脱去腰条纸的方法,以便复点时发现差错进行查找,复点时一般将腰条纸勾断。持钞速度的快慢、姿势是否正确,也会影响点钞速度。

(2) 清点。清点是点钞的关键环节。清点的速度、清点的准确性直接关系到点钞的准确与速度。因此,要勤学苦练清点基本功,做到既快又准。在清点过程中,还需将损伤钞券按规定标准剔出,以保持流通中票面的整洁。若钞券中夹杂着其他版面的钞券,则应将其挑出。在点钞过程中如发现差错,应将差错情况记录在原腰条纸上,并把原腰条纸放在钞券上面一起扎把,不得将其扔掉,以便事后查明原因,另做处理。

(3) 记数。记数也是点钞的基本环节,与清点相辅相成。在清点准确的基础上,必须做到记数准确。

(4) 墩齐。钞券清点完毕扎把前,先要将钞券墩齐,以便在扎把后保持钞券外观整齐美观。钞券墩齐要求四条边水平,不露头或不呈梯形错开,卷角应拉平。墩齐时,双手松拢,先将钞券竖起来,双手将钞券捏成瓦形并在桌面上墩齐,然后将钞券横立,再将其捏成瓦形并在桌面上墩齐。

(5) 扎把。每把钞券清点完毕后,要扎好腰条纸。腰条纸要求扎在钞券的 1/2 处,左右偏差不得超过 2 厘米。同时要求扎紧,以提起时第一张钞券不被抽出为准。

(6) 盖章。盖章是点钞过程的最后一步,在腰条纸上加盖点钞员名章,表示对此把钞券的质量、数量负责,所以出纳人员在点钞后均要盖章,而且图章要盖得清晰,以看得清行号、姓名为准。

(二) 手工点钞的基本要求

点钞基本要领就是要做到"准""快""好"。"准"是指钞券清点不错不乱,准确无误。"快"是指在"准"的前提下,加快点钞速度,提高工作效率。"好"是指清点的钞券要符合"五好钱捆的要求"。"准"是做好现金收付和整点工作的基础和前提,"快"和"好"是加速货币流通、提高服务质量的必要条件。因此学习点钞,首先要掌握基本要领。在人民币的收付和整点中,要把混乱不齐、折损不一的钞票进行整理,使之整齐美观。那么点钞又有哪些基本要求呢?

点钞的基本要求大致可概括为以下几点:

平铺整齐,边角无折。同券一起,不能混淆。

券面同向,不能颠倒。验查真伪,去伪存真。

剔除残币,完残分放。百张一把,十把一捆。

扎把捆紧,经办盖章。清点结账,复核入库。

为达到上述要求,应做到以下几点:

(1) 坐姿端正。直腰挺胸,身体自然,肌肉放松,双肘自然放在桌上,持票的左手腕部接触桌面,右手腕部稍抬起,整点货币轻松持久,活动自如。

(2) 操作定型,用品定位。钞票放在正前方,顺着拿钞的方向把钞票整齐地放在前方,扎钞条顺着拿钞的方向摆放在右边,水盒、笔、印泥和名章是常用物品,一般放在右边,便于使用。

(3) 点数准确。点钞技术的关键在于一个"准"字,清点和记数的准确是点钞的基本要求。点数准确一要精神集中,二要定型操作,三要手点、脑记,手、眼、脑紧密配合,共同完成点钞的操作过程。

(4) 钞票墩齐。钞票必须墩齐后(四条边水平、不露头、卷角拉平)才能扎把。钞票不齐,不易点准。折角、弯折、揉搓过的钞票要将其抹平,明显破裂、质软的票币要先挑出来,清理好后,将钞票在桌面上墩齐。

(5) 扎把捆紧。扎小把,以提起把中时第一张钞票不被抽出为准。按"♯"形捆扎的大捆,以用力推不变形,抽不出票把为准。

(6) 盖章清晰。腰条上的名章是分清责任的标志。出纳人员在整点后都要盖章,图章要清晰可辨。

(7) 动作连贯。动作连贯是保证点钞质量和提高效率的必要条件。点钞过程中的各个环节(拆把、清点、墩齐、扎把、盖章)必须密切配合,环环相扣,双手动作协调,注意减少不必要的小动作。

(三) 手工点钞方法与技巧

纸币点钞方法很多,以持票方式划分,大体上可分为手持式点钞法和手按式点钞法两种。手按式点钞法要将钞票放在台面上进行操作。手持式点钞法是指将钞票拿在手上进行清点的点钞方法,它是在手按式点钞法的基础上发展而成的,其速度远比手按式点钞法快。因此,手持式点钞法在全国各地应用比较普遍。

手持式点钞法可细分为手持式单指单张点钞法、手持式单指多张点钞法、手持式多指多张点钞法和手持式扇面点钞法等。手按式点钞法又分为手按式单指单张点钞法、手按式多指多张点钞法和手按式半扇面点钞法等。以下介绍几种使用较普遍、实用性较强的纸币点钞方法。

1. 手持式点钞法

1) 手持式单指单张点钞法

用一根手指一次点一张钞票的方法叫作手持式单指单张点钞法(见图 2-3)。这种方法是点钞中最基本、最常用的一种方法,使用范围较广,频率较高,适用于收款、付款和整点各种新旧、大小钞票。这种点钞方法所持票面小,能看到票面的 3/4,因此容易发现假钞票和残破钞票,缺点是点一张记一个数,比较费力。

图 2-3　手持式单指单张点钞法清点

具体操作方法如下：

（1）持票。左手横执钞票，下面朝向身体，左手拇指在钞票正面左端约1/4处，食指与中指在钞票背面与拇指同时捏住钞票，无名指与小指自然弯曲并伸向票前左下方，与中指夹紧钞票，食指伸直，拇指向上移动，按住钞票侧面，将钞票压成瓦形，左手将钞票从桌面上擦过，拇指顺势将钞票向上翻成微开的扇形，同时，右手拇指、食指做点钞准备。

（2）清点。左手持钞并形成瓦形后，右手食指托住钞票背面右上角，用拇指尖逐张向下捻动钞票右上角，捻动幅度要小，不要抬得过高。要轻捻，食指在钞票背面的右端配合拇指捻动，左手拇指按捏钞票不要过紧，要配合右手起自然助推的作用。右手的无名指将捻起的钞票向怀里弹，注意要轻点快弹。

（3）记数。与清点同时进行。在点数速度快的情况下，往往由于记数迟缓而影响点钞的效率，因此记数应该采用分组记数法。把10作1记，即1、2、3、4、5、6、7、8、9、1(即10)，1、2、3、4、5、6、7、8、9、2(即20)……以此类推，数到1、2、3、4、5、6、7、8、9、10(即100)。采用这种记数法记数既简单又快捷，既省力又好记。但记数时应默记，不要念出声，做到脑、眼、手密切配合，既准又快。

【小贴士】
右手拇指接触票面的面积越小，点钞的速度越快。在钞票的左下角，左手的中指、无名指在同一点上夹紧钞票，两指的第二关节也在同一平面上，防止散把。在票面左侧推出的小扇面中，各张钞票间距均匀。

2）手持式单指多张点钞法

用一根手指同时点两张或两张以上钞票的方法叫作单指多张点钞法（见图2-4）。它适用于收款、付款和整点工作。点钞时记数简单省力，效率高。但也有缺点，在一指捻几张钞票时，由于不能看到中间几张的全部票面，所以不易发现假钞和残破钞票。这种点钞法除了记数和清点外，其他均与单指单张点钞法相同。

图2-4　手持式单指多张点钞法清点

具体操作方法如下：

（1）持票。左手横执钞票，下面朝向身体，左手拇指在钞票正面左端约1/4处，食指与中指在钞票背面与拇指同时捏住钞票,无名指与小指自然弯曲并伸向票前左下方,与中指夹紧钞票,食指伸直,拇指向上移动,按住钞票侧面,将钞票压成瓦形,左手将钞票从桌面上擦过,拇指顺势将钞票向上翻成微开的扇形,同时,右手拇指、食指做点钞准备。

(2) 清点。右手食指放在钞票背面右上角,拇指肚放在正面右上角,拇指尖超出票面,用拇指肚先捻钞。单指双张点钞时,拇指肚先捻第一张,拇指尖捻第二张。单指多张点钞时,拇指用力要均衡,捻的幅度不要太大,食指、中指在票后面配合捻动,拇指捻张,无名指向怀里弹。在右手拇指往下捻动的同时,左手拇指稍抬,使票面拱起,从侧边分层错开,以便于看清张数,左手拇指往下拨钞票,右手拇指抬起让钞票下落,左手拇指在拨钞的同时下按其余钞票,左右两手的拇指一起一落,动作协调一致,反复循环,直至点完。

(3) 记数。采用分组记数法。如在单指双张点钞时,每两张一组记一个数,50 组就是 100 张。

【小贴士】

点钞时,要发挥右手拇指肚的作用,根据每组点钞张数的多少,左手拇指尖伸出票面右上角的长度有所不同。每组点钞张数越多,右手拇指尖伸出票面的长度就越长。记数时要看清张数,确认无误后再弹出。

3) 手持式多指多张点钞法

多指多张点钞法是指点钞时用小指、无名指、中指、食指依次捻下一张钞票,一次清点 4 张钞票的方法叫作四指四张点钞法(见图 2-5、图 2-6)。这种点钞法适用于收款、付款和整点工作,这种点钞方法不但省力、省心,而且效率高,能够逐张识别假钞票和挑剔残破钞票。

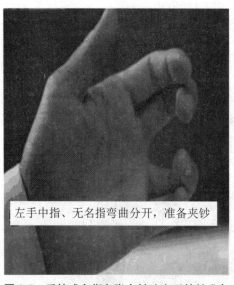

图 2-5 手持式多指多张点钞法左手持钞准备

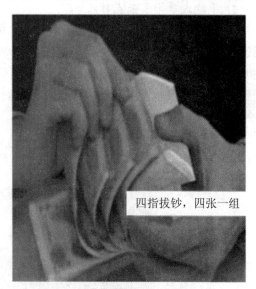

图 2-6 手持式多指多张点钞法清点

具体操作方法如下:

(1) 持票。左手持钞,中指在前,食指、无名指、小指在后,将钞票夹紧,四指同时弯曲将钞票轻压成瓦形,拇指在钞票的右上角外面,将钞票推成小扇面,然后手腕向里转,使钞票的右里角抬起,右手五指准备清点。

（2）清点。右手腕抬起，拇指贴在钞票的右里角，其余四指同时弯曲并拢，从小指开始，每指捻动一张钞票，依次下滑4根手指，每一次下滑动作捻下4张钞票，循环操作，直至点完100张钞票。

（3）记数。采用分组记数法。每次点4张为一组，记满25组为100张。

【小贴士】

左手弯钞要快速，从而保证点钞的速度和准确性。如果弯钞幅度过大，将影响点钞的流畅性。左手拇指将钞票向后倾抹，食指略微弯曲，以防止钞票散乱。右手四指不可过于分开，尽可能放松舒展，点钞时四指分开过大将影响点钞速度和连贯性。

4）手持式扇面点钞法

把钞票捻成扇面状进行清点的方法叫作手持式扇面点钞法（见图2-7、图2-8）。这种点钞方法速度快，是手工点钞中效率最高的一种。但它只适合清点新钞票，不合适清点新、旧、破混合的钞票。优点是点钞速度快，缺点是不便于挑选残破钞票，而且较费眼力，一般用于复点。

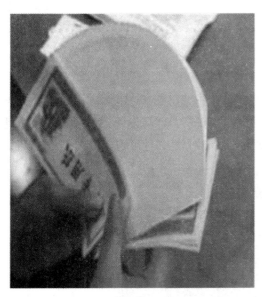

图2-7 手持式扇面点钞法开扇

图2-8 手持式扇面点钞法点数

具体操作方法如下：

（1）持钞。钞票竖拿，左手拇指在票前下部中间票面约1/4处。食指、中指在票后同拇指一起捏住钞票，无名指和小指指向手心。右手拇指在左手拇指的上端，虎口从右侧卡住钞票，使其成瓦形，食指、中指、无名指、小指均横在钞票背面，做开扇准备。

（2）开扇。开扇是扇面点钞的一个重要环节，扇面要开得均匀，才能为点数打好基础，做好准备。具体方法是：以左手为轴，右手食指将钞票向胸前左下方压弯，然后再猛向右方闪动，同时右手拇指在票前向左上方推动钞票，食指、中指在票后面用力向右捻动，左手指在钞票原位置向逆时针方向画弧捻动，食指、中指在票后面用力向左上方捻动，右手手指逐步向下移动，至右下角时即可将钞票推成扇面形。如有不均匀的地方，则可双手持钞抖动，使其均匀。

打扇面时,左右两手一定要配合协调,不要将钞票捏得过紧。如果点钞时采取一次按10张的方法,那么扇面要开小些,以便于点清。

(3) 点数。左手持扇面,右手中指、无名指、小指托住钞票背面,拇指在钞票右上角1厘米处,一次按下5张或10张;按下后用食指压住,拇指继续向前按第二次,以此类推,同时左手应随右手点数速度向内转动扇面,以迎合右手按动,直到点完100张为止。

(4) 记数。采用分组记数法。一次按5张为一组时,记满20组为100张;一次按10张为一组时,记满10组为100张。

(5) 合扇。清点完毕合扇时,将左手向右倒,右手托住钞票右侧向左合拢,左右手指向中间一起用力,使钞票竖立在桌面上,两手松拢轻墩,把钞票墩齐,准备扎把。

【小贴士】
开扇时动作应协调连贯,用力均匀,达到一次就开扇成功;钞票下端离左手掌心不要太近,以免钞票下端被卡住。将钞票一端在左手掌心位置固定,绕掌心均匀展开。两手持钞松紧适度,使钞票打开后,各张之间间隔均匀,不重叠。清点时左手要将扇面持平,并随着点钞的进度微向右转,以适应右手点钞的位置变化。

2. 手按式点钞法

1) 手按式单指单张点钞法

该方法适用于整点新旧、大小不一的钞票,尤其适用于残破币较多的票币,也是初学者常常采用的方法之一(见图2-9)。因为清点时展开的票面较大,容易发现票币的质感和外观差异,便于鉴别变造钞票和伪造钞票。这种方法劳动强度相对较大,速度也较慢,但十分准确。

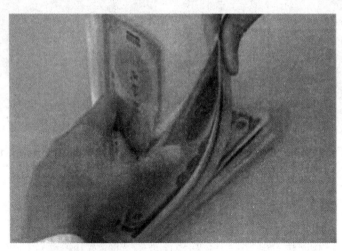

图2-9 手按式单指单张点钞

具体操作方法如下:

(1) 准备。将准备清点的钞票横置于桌面上,正对点钞者,左右手中指、无名指及小拇指按住钞票左右前角处,空出左右手的拇指、食指,准备点数。

(2) 点数。用左手或右手的拇指托起钞票的一小部分,用左手或右手的食指捻动钞票,使最上面的一张与小叠钞票分离,用右手或左手拇指隔开这张已分离的钞票,同时记数。当按上述顺序清点第二张时,用右手或左手食指将已点数的钞票隔开。如此循环往复,直至将钞票清点完毕。当需清点的钞票张数过多,点数中双手把持不住时,可以将已点钞票翻扣在未点的钞票前面,然后再按上述要领继续清点未点钞票。

(3) 记数。记数方法同手持式单张点钞的记数方法,要从一到百顺序记数。

【小贴士】
左手按钞时以指尖或第一关节按压在钞票左上角,右手拇指一次托起的钞票不要太多或太少,一般一次托起20张左右为宜。点"准"的关键是清点速度与记数速度保持一致。

2) 手按式多指多张点钞法

手按式多指多张点钞法可分为两指两张点钞法、三指三张点钞法、四指四张点钞法等。这里简单介绍一下手按式三指三张点钞法(见图2-10)。手按式三指三张点钞法适用于清点整把的钞票(如100张)。优点是速度较快,记数省力,点钞时主要是手指关节活动,劳动强度小。缺点是展开票面小,不易看到下端有角的钞票,也不适合于整点残破票较多的大捆钞票,所以比较适用于复点。

具体操作方法如下:

(1) 准备。参照手按式单指单张点钞法,将要清点的钞票放置

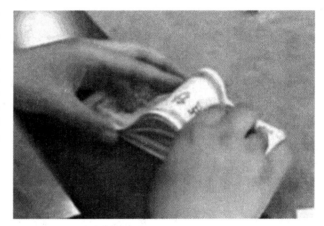

图 2-10 手按式多指多张点钞

在桌面上,钞票边沿与桌面沿成45度角,左手小指、无名指压住钞票左上方1/4处。

(2) 点数。三张点钞时,先用右手的无名指捻动第一张,随后用右手中指、食指顺序捻起第二张和第三张;捻起的三张钞票用左手拇指向上推送到左手的食指和中指间夹住,同时边点边默记数目。

(3) 记数。以三张为一组记数,数到33组后剩一张,即为100张。

【小贴士】
清点时,用右手指尖清点,这样有利于提高点钞速度。捻动速度应尽量缩小,动作要连贯,主要防止清点过程中出现夹钞现象。

3. 扎把的方法

点钞完毕后需要对所点钞票进行扎把,通常是100张捆扎成一把,分为缠绕式和扭结式两种方法。

1）缠绕式

临柜收款采用此种方法，需使用牛皮纸腰条，其具体操作方法如下：

（1）将点过的100张钞票墩齐。

（2）左手从长的方向拦腰握着钞票，使之成为瓦状（瓦状的幅度影响扎钞的松紧，在捆扎中幅度不能变）。

（3）右手握着腰条头，将其从钞票的长的方向夹入钞票中间（离一端1/4至1/3处），从凹面开始绕钞票两圈。

（4）在翻到钞票原度转角处将腰条向右折叠90度，将腰条头绕捆在钞票上，腰条转两圈后打结。

（5）整理钞票。

2）扭结式

考核、比赛采用此种方法，需使用绵纸腰条，其具体操作方法如下：

（1）将点过的100张钞票墩齐。

（2）左手握钞，使之成为瓦状。

（3）右手将腰条从钞票凸面放置，两腰条头绕到凹面，左手食指、拇指分别按住腰条与钞票厚度交界处。

（4）右手拇指、食指夹住其中一端腰条头，中指、无名指夹住另一端腰条头，并合在一起，右手顺时针转180度，左手逆时针转180度，将拇指和食指夹住的那一头从腰条与钞票之间绕过、打结。

（5）整理钞票。

（四）硬币的清点

硬币的清点方法分为手工整点硬币和工具整点硬币两种方法。

1. 手工整点硬币

手工整点硬币一般常用于收款、收点硬币尾零款，以100枚为一卷，一次可清点5枚、12枚、14枚或16枚，最多可一次清点18枚，主要依个人的技术熟练程度而定。

具体操作方法如下。

1）拆卷

右手持硬币卷的1/3处，放在待清点包装纸的中间，左手撕开硬币包装纸的一头，然后右手大拇指向下从左到右端压开包装纸，把纸从卷上面压开后，左手食指平压硬币，右手抽出已压开的包装纸，这样即可准备清点。

2）点数

按币值由大到小的顺序进行清点，用左手持币，右手拇指、食指分组清点。为保证准确，用右手中指从一组中间分开查看。如一次点18枚为一组，则从中间分开一边9枚；如一次点10枚为一组，则一边为5枚。记数方法为分组记数，一组为一次，如点10组即记10次，其他以此类推。

3）包装

硬币清点完毕后，用双手的无名指分别顶住硬币的两头，用拇指、食指、中指捏住硬币的两端,将硬币取出后放入已准备好的包装纸 1/2 处,再用双手把拇指内一半的包装纸向外掀起并掖在硬币底部,再用右手掌心用力向外推卷,然后用双手的中指、食指、拇指分别将两头包装纸压下并贴至硬币上,这样在硬币两头压三折,包装完毕。

4) 盖章

硬币包装完成后,整齐地放在桌上,保持卷缝的方向一致。右手拿名章,左手掌心转动硬币卷,右手将名章顺着硬币卷动的方向依次盖在各卷上,对不足 100 枚的硬币卷,要标明数量和金额。

【小贴士】
手工整点硬币也可以先在撕开的纸上清点,清点完毕后再抽纸。要熟练掌握手工整点硬币的技巧,需加强视力训练,两手要配合协调。

2. 工具整点硬币

工具整点硬币是指大批的硬币用工具进行整点,需要借助硬币整点器(见图 2-11)完成。硬币整点器内根据不同面值硬币的直径,设计了相应的弧形槽式分币板,根据流通中硬币的平均厚度,固定了百枚硬币的总厚度,每次可清点 100 枚硬币。这种工具使用简单,携带方便,工作效率高,是清点硬币不可缺少的工具。

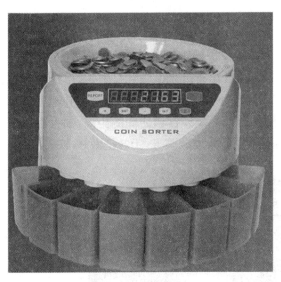

图 2-11 硬币整点器

工具整点硬币的具体操作步骤如下:

1) 拆卷

拆卷有两种方法:

(1) 震裂法拆卷。震裂法拆卷是用双手的拇指与食指、中指捏住硬币的两端并向下震动,在震动的同时左手稍向里扭动,右手稍向外扭动。值得注意的是,用力要适度,使包装纸震裂。取出震裂的包装纸准备清点。

(2) 刀划法拆卷。首先在硬币整点器的右端安装一个坚硬、刃向上的刀片,拆卷时用双手的拇指、食指、中指捏住硬币的两端,自左端向右端从刀刃上划过,包装纸被刀刃划破一道口,然后将被划开的包装纸拿开,准备点数。

2) 点数

硬币放入整点器内进行清点时,双手的食指和中指放在整点器的两端,将整点器夹住,右手食指将硬币顶向左端,然后将双手拇指放在整点器两边的推扭上,用力推动推扭,通过动槽的移动分币之后,目光从左端到右端,看清每槽内是否为 5 枚硬币,如有氧化变形及伪币应及时挑出,并如数补充上,然后准备包装。重点检查右边最后一个槽,确定准确无误后,双手松开,硬币自动回到原位。

3）包装

工具整点硬币的包装方法与手工整点硬币法相同。

4）盖章

工具整点硬币的盖章方法与手工整点硬币法相同。

二、机器点钞技术

（一）点钞机的一般常识

机器点钞指的是用点钞机替代部分手工点钞，其速度是手工点钞的几倍，大大提高了点钞的工作效率并减轻了出纳人员的工作强度。机器点钞时左右手应分工明确、协调，眼睛注意观察传送带上的钞票和计数器情况。

点钞机是一种自动清点钞票数目的机电一体化装置，一般带有伪钞识别功能，集记数和辨伪钞票于一体。在使用点钞机点钞时，应先把需要清点的钞票墩齐，使四条边水平、不露头、无卷角，再放入点钞机当中进行清点。

点钞机由三部分组成：捻钞、记数、传送整钞（见图2-12）。捻钞部分由下钞斗和捻钞轮组成。其功能是将钞票均匀地捻下并送入传送带。记数部分（以电子计数器为例）由光电管、灯泡、计数器和数码管组成。捻钞轮捻出的钞票在通过光电管和灯泡后，由计数器记忆并将光电信号转换到数码管上显示出来。数码管显示的数字即为捻钞张数。传送整钞部分由传送带和接钞台组成。传送带的功能是传送钞票并拉开钞票之间的距离，加大票币审视面，以便及时发现损伤券和假币。接钞台将落下的钞票堆放整齐，为扎把做好准备。

图 2-12　点钞机

（二）点钞前的准备工作

1. 放置好点钞机

点钞机一般放在桌上，点钞员的正前方，离胸前约30厘米。临柜收、付款时也可将点钞机放在点钞桌肚内，桌子台面用玻璃板，以便看清数字和机器运转情况。

2. 放置好钞票和工具

一般未点的钞票放在机器右侧，按票面大小顺序排列，从大到小或从小到大，切不可大小夹杂排列。经复点的钞票放在机器左侧；腰条纸应横放在点钞机前面，即靠近点钞员胸前的那一侧。其他各种用具放置要适当、顺手。

3. 试机

首先检查各机件是否完好，再打开电源，检查捻钞轮、传送带、接钞台运行是否正常，灯泡、数码管显示是否正常。如荧光数码显示不是"00"，那么按"0"键，使其复位"0"。然后开始调试下钞斗、松紧螺母，通常以1元券为准，调到不松、不紧、不夹、不阻塞为宜。调试时，右手持一张1元券放入下钞斗，捻钞轮将券一捻住，马上用手抽出，以捻得动、抽得出为宜。

试机之后的问题处理：

（1）若传送带上钞票排列不均匀，则说明下钞速度不均，要检查原因或调节下钞斗底部螺丝。

（2）若出现不整齐、票面歪斜现象，则说明下钞斗与两边的捻钞轮的间距不等，造成距离近的一边下钞慢，钞票一端向送钞台倾斜，传送带上钞票呈一斜面排列，反之就会下钞快。应对下钞斗两边的螺丝进行微调，直到调好为止。

（三）点钞机操作程序

点钞机的操作程序与手工点钞操作程序基本相同。

1. 持票拆把

用右手从机器右侧拿起钞票，右手钞票横执，拇指与中指、无名指、小指分别捏住钞票两侧，拇指在里侧，其余三指在外侧，将钞票横捏成瓦形，中指在中间自然弯曲。用左手将腰条纸抽出，右手将钞票速移到下钞斗上面，同时用右手拇指和食指捏住钞票上侧，中指、无名指、小指松开，使钞票弹回原处并自然形成微扇面，这样即可将钞票放入下钞斗。

2. 点数

将钞票放入下钞斗，不要用力。钞票通过捻钞轮自然下滑到传送带，落到接钞台。下钞时，点钞员眼睛要注意传送带上的钞票面额，看钞票中是否夹有其他票券、损伤券、假钞等，同时要观察数码显示情况。拆下的封条纸先放在桌子一边不要丢掉，以便查错用。

3. 记数

当下钞斗和传送带上的钞票下张完毕时，要查看数码显示是否为"100"。如数字不为"100"，就必须复点。在复点前应先将数码显示置为"00"状态并保管好原把腰条纸。如经复点仍是原数，又无其他不正常因素时，则说明该把钞票张数有误，应将钞票连同原腰条纸一起用新的腰条纸扎好，并在新的腰条纸上写上差错张数，另做处理。

4. 盖章

复点完全部钞票后，点钞员要逐把盖好名章。盖章时要做到先轻后重，整齐、清晰。由于机器点钞速度快,要求两手动作要协调,各个环节要紧凑,下钞、拿钞、扎把等动作要连贯。当右手将一把钞票放入下钞斗后,马上拆开第二把,准备下钞。当传送带上最后一张钞票落到接钞台后,左手迅速将钞票拿出,同时右手将第二把钞票放入下钞斗,然后对第一把钞票进行扎把。在左手将第一把钞票放在机器左侧的同时,右手从机器右侧拿起第三把钞票并做好下钞准备,左手顺势抹掉第一把的腰条纸后,迅速从接钞台上取出第二把钞票并进行扎把。

【小贴士】
　　机器点钞连续操作,要做到"五个二"。
　　二看:看清跑道票面,看准记数。
　　二清:券别、把数分清,接钞台取清。
　　二防:防留张,防机器"吃钞"。
　　二复:发现钞票有裂缝和夹带纸片时要复点,记数不准时要复点。
　　二经常:经常检查机器底部,经常保养、维修点钞机。

(四)机器点钞差错与预防

1. 接钞台留张

左手在接钞台取钞时,有时会漏拿一张,造成上下把不符。预防的方法是取尽接钞台内的钞票,或采用不同的票面交叉进行清点。

2. 机器"吃钞"

引起机器"吃钞"的主要原因是钞票较旧,很容易卷到输钞轴上或带进机器肚内;出钞歪斜,容易引起输钞紊乱、挤扎或飞张,也有可能被下钞轮带进机器肚内。预防的方法是调整面板和调节螺丝,使下钞流畅、整齐。输钞紊乱、挤扎时,要重新清点一遍,并检查机器底部和前后输钞轴上是否有钞票被夹住。

3. 多记数

造成多记数的原因主要有:机器在清点辅币、旧币时容易发生飞张造成多记数;钞票开档破裂,一把钞票内残留纸条、杂物等,都可能会造成多记数。预防的方法是将钞票调头后再清点一遍,或将机器内杂物、纸条取出后再点一遍。

4. 记数不准

记数不准除了电路毛病和钞票本身的问题外,光电管、小灯泡积灰,电流、电压大幅升降也会造成多记数或少记数。预防的方法是经常打扫光电管和小灯泡上的灰尘,若荧光数码管突然记数不准,则应立即停机并检查机器的线路。

任务三 验钞技术

一、货币防伪技术

(一)纸币防伪技术

为适应经济发展和市场货币流通的需求,1999年10月1日,在中华人民共和国成立50周年之际,中国人民银行发行第五套人民币(1999年版)。第五套人民币共有1角、5角、1元、5元、10元、20元、50元、100元8种面额,其中1元有纸币、硬币2种。

第五套人民币(1999年版)的发行是中国货币制度建设上的一件大事。中国人民银行负责人就发行第五套人民币答记者问时指出:发行第五套人民币是必要的。货币制度需要随着经济发展变化的实际情况进行适时调整。中国第四套人民币的设计、印制始于改革开放之初,由于当时的条件,第四套人民币本身存在一些不足之处,如防伪措施简单,不利于人民币的反假;缺少机读性能,不利于钞票自动化处理等。

2005年8月,为提升防伪技术和印制质量,中国人民银行发行了2005年版第五套人民币部分纸硬币。2005年版纸币的规格、主景图案、主色调、"中国人民银行"行名和汉语拼音行名、面额数字、花卉图案、国徽、盲文面额标记、民族文字等票面特征,均与现行流通的1999年版第五套人民币相同,但对变光数字、面额水印位置进行了调整,增加凹印手感线、防复印标记,背面面额数字加后缀"YUAN"等。第五套人民币1角硬币材质由铝合金改为不锈钢,色泽为钢白色,正面为"中国人民银行""1角""YI JIAO"和年号。

2015年11月,中国人民银行发行2015年版100元纸币。在规格、主图案等保持不变的前提下,对票面图案、防伪特征及布局进行了调整,提高机读性能,采用了先进的公众防伪技术,使公众更易于识别真伪。

2019年4月29日,中国人民银行发布公告称:中国人民银行定于2019年8月30日起发行2019年版第五套人民币50元、20元、10元、1元纸币和1元、5角、1角硬币。发行后,与同面额流通人民币等值流通。

这里主要介绍2005年版、2019年版第五套人民币的票面特征及防伪特征。

1. 2005年版第五套人民币的票面特征及防伪特征

1) 100元人民币的票面特征及防伪特征(见图2-13)

(1) 固定人像水印:纸张抄造中形成人像水印,层次丰富,立体感很强。

(2) 手工雕刻头像:形象逼真,线条清晰,凹凸感强。

(3) 胶印缩微文字:在放大镜下,字形清晰。

(4) 光变油墨面额数字:随视角变化,颜色变化明显。

(5) 胶印对印图案:正、背面图案接合,组成完整的古钱币图案。

(6) 雕刻凹版印刷：用手指触摸有明显的凹凸感。

(7) 隐形面额数字：将钞票置于与眼睛接近平行的位置，面对光源做上下倾斜晃动，即可看到面额数字"100"，字形清晰。

(8) 双色异形横号码：左侧部分为暗红色，右侧部分为黑色；字符由中间向左右两边逐渐变小。

(9) 白水印：迎光透视，可以看到透光性很强的水印"100"字样。

(10) 全息磁性开窗安全线：开窗部分可以看到由缩微字符"￥100"组成的全息图案（开窗安全线是指局部埋入纸张中、局部裸露在纸面上的一种安全线）。

(11) 凹印手感线：采用雕刻凹版印刷工艺印制，用手指触摸时，有极强的凹凸感。

图 2-13　2005 年版 100 元防伪特征

2) 50 元人民币的票面特征及防伪特征（见图 2-14）

(1) 固定人像水印：纸张抄造中形成人像水印，层次丰富，立体感很强。

(2) 手工雕刻头像：形象逼真，线条清晰，凹凸感强。

(3) 胶印缩微文字：在放大镜下，字形清晰。

(4) 光变油墨面额数字：随视角变化，颜色变化明显。

(5) 胶印对印图案:正、背面图案接合,组成完整的古钱币图案。

(6) 雕刻凹版印刷:用手指触摸有明显的凹凸感。

(7) 隐形面额数字:将钞票置于与眼睛接近平行的位置,面对光源做上下倾斜晃动,即可看到面额数字"50",字形清晰。

(8) 双色异形横号码:左侧部分为暗红色,右侧部分为黑色;字符由中间向左右两边逐渐变小。

(9) 白水印:迎光透视,可以看到透光性很强的水印"50"字样。

(10) 全息磁性开窗安全线:开窗部分可以看到由缩微字符"¥50"组成的全息图案,仪器检测有磁性。

(11) 凹印手感线:规则排列的线纹,采用雕刻凹版印刷工艺印制,用手指触摸时,有极强的凹凸感。

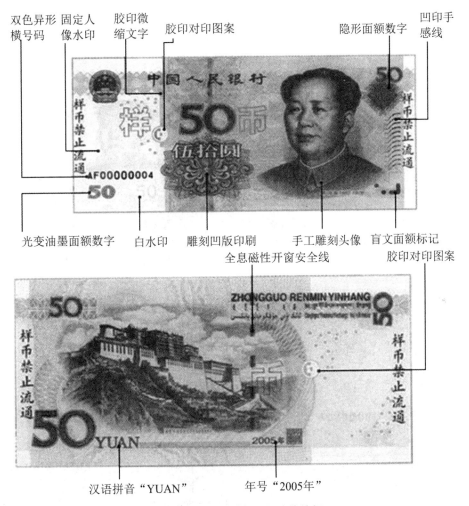

图 2-14 2005 年版 50 元防伪特征

3) 20 元人民币的票面特征及防伪特征(见图 2-15)

(1) 固定花卉水印:纸张抄造中形成荷花水印,层次丰富,立体感很强。

(2) 手工雕刻头像:形象逼真,线条清晰,凹凸感强。

(3) 胶印缩微文字：在放大镜下，字形清晰。

(4) 胶印对印图案：正、背面图案接合，组成完整的古钱币图案。

(5) 雕刻凹版印刷：背面主景图案桂林山水、面额数字、汉语拼音行名、民族文字、年号、行长章等均采用雕刻凹版印刷，用手触摸时，有明显凹凸感。

(6) 隐形面额数字：将钞票置于与眼睛接近平行的位置，面对光源做上下倾斜晃动，即可看到面额数字"20"，字形清晰。

(7) 双色横号码：号码左侧部分为暗红色，右侧部分为黑色。

(8) 白水印：迎光透视，可以看到透光性很强的水印"20"字样。

(9) 全息磁性开窗安全线：开窗部分可以看到由缩微字符"￥20"组成的全息图案，仪器检测有磁性。

(10) 凹印手感线：规则排列的线纹，采用雕刻凹版印刷工艺印制，用手指触摸时，有极强的凹凸感。

图 2-15　2005 年版 20 元防伪特征

4) 10 元人民币的票面特征及防伪特征（见图 2-16）

(1) 固定花卉水印：纸张抄造中形成月季花水印，层次丰富，立体感很强。

(2) 手工雕刻头像：形象逼真，线条清晰，凹凸感强。

(3) 胶印缩微文字：在放大镜下，字形清晰。

(4) 胶印对印图案：正、背面图案接合，组成完整的古钱币图案。

(5) 雕刻凹版印刷：采用雕刻凹版印刷，用手触摸时，有明显凹凸感。

(6) 隐形面额数字：将钞票置于与眼睛接近平行的位置，面对光源做上下倾斜晃动，即可看到面额数字"10"，字形清晰。

(7) 双色横号码：号码左侧部分为暗红色，右侧部分为黑色。

(8) 白水印：迎光透视，可以看到透光性很强的水印"10"字样。

(9) 全息磁性开窗安全线：开窗部分可以看到由缩微字符"￥10"组成的全息图案，仪器检测有磁性。

(10) 凹印手感线：规则排列的线纹，采用雕刻凹版印刷工艺印制，用手指触摸时，有极强的凹凸感。

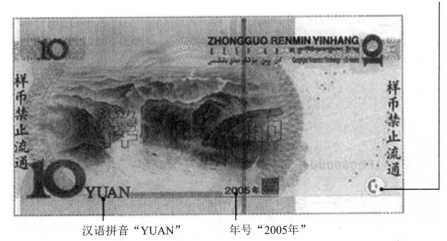

图 2-16　2005 年版 10 元防伪特征

5) 5元人民币的票面特征及防伪特征(见图2-17)

(1) 固定花卉水印:纸张抄造中形成水仙花水印,层次丰富,立体感很强。

(2) 手工雕刻头像:形象逼真,线条清晰,凹凸感强。

(3) 胶印缩微文字:票面多处印有缩微文字"RMB 5"和"5"字样,在放大镜下,字形清晰。

(4) 雕刻凹版印刷:采用雕刻凹版印刷,用手触摸时,有明显凹凸感。

(5) 隐形面额数字:将钞票置于与眼睛接近平行的位置,面对光源做上下倾斜晃动,即可看到面额数字"5",字形清晰。

(6) 双色横号码:号码左侧部分为暗红色,右侧部分为黑色。

(7) 白水印:迎光透视,可以看到透光性很强的水印"5"字样。

(8) 全息磁性开窗安全线:开窗部分可以看到由缩微字符"¥5"组成的全息图案,仪器检测有磁性。

(9) 凹印手感线:规则排列的线纹,采用雕刻凹版印刷工艺印制,用手指触摸时,有极强的凹凸感。

图2-17　2005年版5元防伪特征

2. 2019年版第五套人民币的票面特征及防伪特征

2019年版第五套人民币50元、20元、10元、1元纸币分别保持2005年版第五套人民币50元、20元、10元纸币和1999年版第五套人民币1元纸币的规格、主图案、主色调、"中国人民银行"行名和汉语拼音行名、国徽、盲文面额标记、民族文字等要素不变,提高了票面色彩鲜亮度,优化了票面结构层次与效果,提升了整体防伪性能。2019年版第五套人民币50元、20元、10元、1元纸币调整了正面人像、装饰团花、横号码、背面主景和正面与背面面额数字的样式,增加了正面左侧装饰纹样,取消了正面右侧凹印手感线和背面右下角局部图案,票面年号改为"2019年"。

1)50元人民币的票面特征及防伪特征

(1)保持不变的元素。2019年版第五套人民币50元纸币规格、主图案、主色调、"中国人民银行"行名和汉语拼音行名、国徽、盲文面额标记、汉语拼音行名、民族文字等要素,以及雕刻凹印、白水印等防伪特征,均与2005年版第五套人民币50元纸币相同。

(2)增加以下防伪特征:

① 光彩光变面额数字。面额数字位于票面正面中部。改变钞票观察角度,面额数字"50"的颜色在绿色和蓝色之间变化,并可见一条亮光带上下滚动。

② 动感光变镂空开窗安全线。安全线位于票面正面右侧。改变钞票观察角度,安全线颜色在红色和绿色之间变化,亮光带上下滚动,透光观察可见"￥50"。

(3)调整以下防伪特征:

① 人像水印。提升水印清晰度和层次效果。人像水印位于票面正面左侧,透光观察可见。

② 胶印对印图案。由古钱币对印图案调整为面额数字对印图案。票面正面左下角和背面右下角均有面额数字"50"的局部图案。透光观察,正、背面图案组成一个完整的面额数字"50"。

(4)取消的防伪特征。取消了正面左下角光变油墨面额数字、右侧凹印隐形面额数字和手感线图案,以及背面全息磁性开窗安全线。

(5)主要防伪特征(见图2-18):

① 光彩光变面额数字。

② 动感光变镂空开窗安全线。

③ 雕刻凹印。票面正面毛泽东头像、国徽、"中国人民银行"行名、装饰团花、右上角面额数字、盲文面额标记及背面主景等均采用雕刻凹版印刷,触摸时有凹凸感。

④ 人像水印。

⑤ 白水印。白水印位于票面正面左侧下方。透光观察,可见面额数字"50"。

⑥ 胶印对印图案。

① 光彩光变面额数字　　　　　　④ 人像水印
② 动感光变镂空开窗安全线　　　⑤ 白水印
③ 雕刻凹印　　　　　　　　　　⑥ 胶印对印图案

图 2-18　2019 年版 50 元防伪特征

2) 20 元人民币的票面特征及防伪特征

(1) 保持不变的元素。2019 年版第五套人民币 20 元纸币规格、主图案、主色调、"中国人民银行"行名和汉语拼音行名、国徽、盲文面额标记、民族文字等要素，以及雕刻凹印、白水印等防伪特征，均与 2005 年版第五套人民币 20 元纸币相同。

(2) 增加以下防伪特征：

① 光彩光变面额数字。面额数字位于票面正面中部。改变钞票观察角度，面额数字"20"的颜色在金色和绿色之间变化，并可见一条亮光带上下滚动。

② 光变镂空开窗安全线。安全线位于票面正面右侧。改变钞票观察角度，安全线颜色在红色和绿色之间变化，透光观察可见"¥20"。

(3) 调整以下防伪特征：

① 花卉水印。提升水印清晰度和层次效果。花卉水印位于票面正面左侧，透光观察可见花卉图案水印。

② 胶印对印图案。由古钱币对印图案调整为面额数字对印图案。票面正面左下角和背面右下角均有面额数字"20"的局部图案。透光观察，正、背面图案组成一个完整的面额数字"20"。

(4) 取消的防伪特征。取消了正面中部全息磁性开窗安全线、右侧凹印隐形面额数字和手感线图案。

(5) 主要防伪特征(见图2-19):

① 光彩光变面额数字。

② 光变镂空开窗安全线。

③ 雕刻凹印。票面正面毛泽东头像、国徽、"中国人民银行"行名、装饰团花、右上角面额数字、盲文面额标记及背面主景等均采用雕刻凹版印刷,触摸时有凹凸感。

④ 花卉水印。位于票面正面左侧。透光观察,可见花卉图案水印。

⑤ 白水印。白水印位于票面正面左侧下方。透光观察,可见面额数字"20"。

⑥ 胶印对印图案。

① 光彩光变面额数字　　　　　④ 花卉水印
② 光变镂空开窗安全线　　　　⑤ 白水印
③ 雕刻凹印　　　　　　　　　⑥ 胶印对印图案

图2-19　2019年版20元防伪特征

3) 10元人民币的票面特征及防伪特征

(1) 保持不变的元素。2019年版第五套人民币10元纸币规格、主图案、主色调、"中国人民银行"行名和汉语拼音行名、国徽、盲文面额标记、民族文字等要素,以及雕刻凹印、白水印等防伪特征,均与2005年版第五套人民币10元纸币相同。

(2) 增加以下防伪特征:

① 光彩光变面额数字。面额数字位于票面正面中部。改变钞票观察角度,面额数字"10"的颜色在绿色和蓝色之间变化,并可见一条亮光带上下滚动。

② 光变镂空开窗安全线。安全线位于票面正面右侧。改变钞票观察角度,安全线颜色在红色和绿色之间变化,透光观察可见"￥10"。

（3）调整以下防伪特征：

① 花卉水印。提升水印清晰度和层次效果。花卉水印位于票面正面左侧,透光观察可见花卉图案水印。

② 胶印对印图案。由古钱币对印图案调整为面额数字对印图案。票面正面左下角和背面右下角均有面额数字"10"的局部图案。透光观察,正、背面图案组成一个完整的面额数字"10"。

（4）取消的防伪特征。取消了正面中部全息磁性开窗安全线、右侧凹印隐形面额数字和手感线图案。

（5）主要防伪特征（见图 2-20）：

① 光彩光变面额数字。

① 光彩光变面额数字 　　　　　　　④ 花卉水印
② 光变镂空开窗安全线　　　　　　　⑤ 白水印
③ 雕刻凹印　　　　　　　　　　　　⑥ 胶印对印图案

图 2-20　2019 年版 10 元防伪特征

② 光变镂空开窗安全线。

③ 雕刻凹印。票面正面毛泽东头像、国徽、"中国人民银行"行名、装饰团花、右上角面额数字、盲文面额标记及背面主景等均采用雕刻凹版印刷,触摸时有凹凸感。

④ 花卉水印。

⑤ 白水印。白水印位于票面正面左侧下方。透光观察,可见面额数字"10"。
⑥ 胶印对印图案。

4）1元人民币的票面特征及防伪特征

（1）保持不变的元素。2019年版第五套人民币1元纸币规格、主图案、主色调、"中国人民银行"行名和汉语拼音行名、国徽、盲文面额标记、民族文字等要素,以及雕刻凹印等防伪特征,均与1999年版第五套人民币1元纸币相同。

（2）增加的防伪特征。增加白水印,位于票面正面左侧下方。透光观察,可见面额数字"1"。

（3）调整的防伪特征。调整花卉水印,提升水印清晰度和层次效果。花卉水印位于票面正面左侧,透光观察可见花卉图案水印。

（4）取消的防伪特征。取消了正面右侧凹印隐形面额数字和手感线图案。

（5）主要防伪特征（见图2-21）：

① 雕刻凹印　　② 花卉水印　　③ 白水印

图 2-21　2019 年版 1 元防伪特征

① 雕刻凹印。票面正面毛泽东头像、国徽、"中国人民银行"行名、装饰团花、右上角面额数字、盲文面额标记等均采用雕刻凹版印刷,触摸时有凹凸感。

② 花卉水印。花卉水印位于票面正面左侧。透光观察,可见花卉图案水印。

③ 白水印。白水印位于票面正面左侧下方。透光观察,可见面额数字"1"。

（二）硬币防伪技术

2019年版第五套人民币1元、5角、1角硬币分别保持1999年版第五套人民币1元、5角硬币和2005年版第五套人民币1角硬币外形、外缘特征、"中国人民银行"行名和汉语拼音行名、汉语拼音面额、人民币单位、花卉图案等要素不变，调整了正面面额数字的造型，对背面花卉图案进行适当收缩。这里主要介绍一下2019年版第五套人民币硬币的防伪特征。

1. 1元硬币的币面特征及防伪特征

2019年版第五套人民币1元硬币保持1999年版第五套人民币1元硬币外形、外缘特征、"中国人民银行"行名和汉语拼音行名、汉语拼音面额、人民币单位、花卉图案等要素不变，调整了正面面额数字的造型，对背面花卉图案进行适当收缩。直径由25毫米调整为22.25毫米。正面面额数字"1"轮廓线内增加隐形"¥"和"1"，转动硬币，从特定角度可以观察到"¥"，从另一角度可以观察到"1"。边部增加圆点。在硬币外缘的圆柱面上，有等距离分布的三个字符"R""M""B"（见图2-22）。材质保持不变。

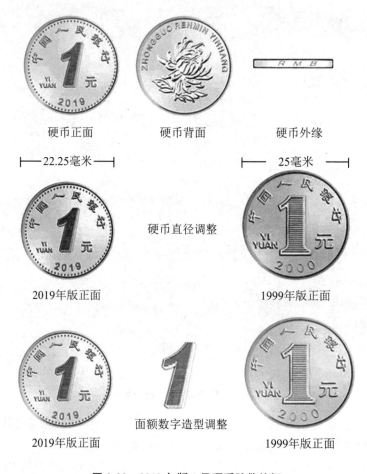

图 2-22 2019 年版 1 元硬币防伪特征

 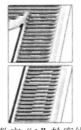 

<table>
<tr><td>2019年版正面</td><td>面额数字"1"轮廓线内增加隐形图文"¥"和"1"</td><td>1999年版正面</td></tr>
</table>

<table>
<tr><td>2019年版正面</td><td>边部增加圆点</td><td>1999年版正面</td></tr>
</table>

<table>
<tr><td>2019年版背面</td><td>花卉图案适当收缩</td><td>1999年版背面</td></tr>
</table>

图 2-22　2019 年版 1 元硬币防伪特征（续）

2. 5 角硬币的币面特征及防伪特征

2019年版第五套人民币5角硬币保持1999年版第五套人民币5角硬币外形、外缘特征、"中国人民银行"行名和汉语拼音行名、汉语拼音面额、人民币单位、花卉图案等要素不变，调整了正面面额数字的造型，对背面花卉图案进行适当收缩。材质由钢芯镀铜合金改为钢芯镀镍，色泽由金黄色改为镍白色。正、背面内周缘由圆形调整为多边形。在硬币外缘的圆柱面上，共有 6 个丝齿段，每个丝齿段有 8 条齿距相等的丝齿（见图 2-23）。直径保持不变。

硬币正面　　　　硬币背面　　　　硬币外缘

图 2-23　2019 年版 5 角硬币防伪特征

材质由钢芯镀铜合金改为钢芯镀镍

2019年版正面　　　　　　1999年版正面

色泽由金黄色改为镍白色

2019年版正面　　　　　　1999年版正面

面额数字造型调整

2019年版正面　　　　　　1999年版正面

花卉图案适当收缩

2019年版背面　　　　　　1999年版背面

内周缘由圆形调整为多边形

2019年版　　　　　　1999年版

图 2-23　2019 年版 5 角硬币防伪特征（续）

3. 1 角硬币的币面特征及防伪特征

2019 年版第五套人民币 1 角硬币保持 2005 年版第五套人民币 1 角硬币外形、外缘特征、"中国人民银行"行名和汉语拼音行名、汉语拼音面额、人民币单位、花卉图案等要素不变，调整了正面面额数字的造型，对背面花卉图案进行适当收缩。正面边部增加圆点（见图 2-24）。直径和材质保持不变。

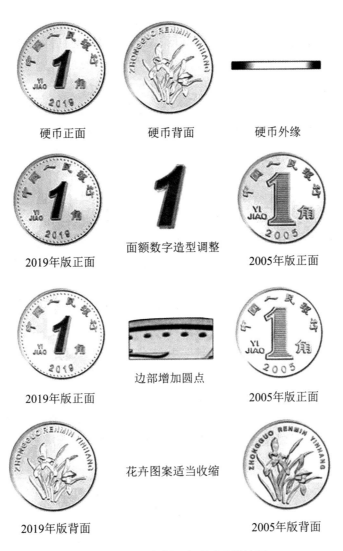

图 2-24　2019 年版 1 角硬币防伪特征

二、假币的主要特征

假币是指伪造、变造的货币。伪造货币是指违反国家货币管理法规，仿照真币的形状、色彩、图案等特征，使用各种手段制造出在外观上足以乱真的假货币。与伪造货币不同，变造货币是在真币的基础上，采用挖补、剪贴、揭层、拼凑、涂改等方法进行加工处理，目的是改变货币的真实形状、图案、面值或张数，从而改变票面面额或者增加数量。

（一）纸币假币的主要特征

市场上流行的纸币假钞以百元假钞居多，现以中国人民银行第五套人民币 2005 年版 100 元为伪造对象的假币为例，说明纸币假币的主要特征。

1. 纸张

假钞用纸均为一般社会化用纸,不含棉纤维,光滑、绵软、无韧性、偏厚,抖动或手弹时声音发闷,在紫外光下一般有荧光反应。

2. 水印

假钞水印有两种。一种是在纸张夹层中涂布白色浆料,迎光透视观察时,水印所在的左半边纸张因遮光而显得厚重;另一种是在票面正面、背面或两面同时使用无色或白色油墨印刷水印图案,立体感较差。

3. 安全线

第一种伪造安全线是在钞票正面,使用灰黑色油墨印刷一个深色线条,背面用灰色油墨印刷开窗部分,无全息图文,或含有极模糊的"¥100"字样,此类伪造安全线无磁性特征。

第二种伪造安全线是在钞票正面,用同样的方法印刷一个深色线条,背面则采用烫印方式将带有"¥100"字样的全息膜转移到票面上,其衍射图案与真钞安全线存在差异,且无磁性特征。

第三种伪造安全线使用双层纸张,在纸张夹层中放实物线,线与纸张结合较差,线表面印刷磁性油墨。

第四种伪造安全线是第二种和第三种的组合,既有烫印开窗,又有实物安全线置于纸张夹层内。

4. 正、背面主景印刷方式及凹印特征

假钞印刷大多采用胶印、丝网等平印工艺,质量很差。有些假钞为模仿真钞的凹印效果,在人像衣服、团花及手感线等凹凸位置用坚硬的金属磨具进行压痕处理,触摸有凹凸感,应仔细观察。

5. 荧光防伪印记

伪造者使用从市场上购置的荧光油墨来模拟真钞的荧光印记,荧光亮度明显低于真钞,颜色与真钞存在差异。

6. 光变油墨面额数字

伪造的光变油墨面额数字一种是普通单色(100元假钞为绿色)胶印,质量较差,无真钞特有的颜色变换特征,手指触其表面时无凹凸触感。另一种是使用珠光油墨丝网印刷,有一定的光泽和闪光效果,但其线条粗糙,变色特征与真钞有较明显的区别,只有黄绿色珠光而不具备真钞由绿到蓝的颜色变化。

7. 冠字号码

假钞一般使用普通黑色油墨胶印冠字号码,其形态与真钞冠字存在差异,并不具备磁性特征,且假钞号码不规则、排列零乱。

(二)硬币假币的主要特征

据各大银行统计,硬币造假以1元假硬币案数量最多。该类假币主要有以下特征:

(1)铸造工艺差、镀镍层薄、较易被腐蚀生锈。真硬币一般不可能生锈,如果发现一枚生锈的硬币,那它很有可能就是假币。

(2)国徽中的麦穗颗粒模糊、绶带层次感差、细条纹分辨不清。

（3）国徽中的五角星立体感差、五角星的角尖有长有短、顶部圆滑。
（4）正面汉字、拼音字母笔画较粗，背面牡丹花叶瓣上的叶脉模糊，且牡丹花蕊模糊不清等。
（5）假硬币的分量比较轻，若与真币对比会有明显感觉。

三、货币真伪鉴别

（一）纸币的鉴别方法

人民币是我们生活当中不可少的，但是现在的假币越来越多，因此我们不得不练就一双慧眼，来帮助我们鉴别假币，减少损失。假币会给群众造成财产损失，假币泛滥则会造成国家经济的不稳定。因此，普及假币知识，提高群众识别假币水平，是很重要的一件大事。那么假币该怎么鉴别呢？常见鉴别纸币的办法是一看、二摸、三听、四测。

1. 一看

用肉眼看钞票的水印是否清晰，有无层次和立体效果；看安全线；看整张票面图案是否单一或者偏色；看纸币的整体印刷效果，人民币真币使用特制的机器和油墨印刷，整体效果精美细致，而假币的整体质地粗糙，工艺水平低。

1）看水印

将人民币迎光查看，看钞票的水印是否清晰，有无层次和浮雕效果。

2）看安全线

看安全线是在分辨真、假币时最常用的方法。第五套人民币在票面的正面中间偏左处，均有一条安全线。

3）看光变油墨

光变油墨是一种贵重的印刷材料，这种油墨印刷出来的字符，在光线角度不同时会有变色的效果。第五套人民币的100元面值和50元面值纸币上就应用了这种高科技防伪手段。

4）看票面图案

看票面图案是否清晰，色彩是否鲜艳，多色接线图文的颜色相接处是否平稳过渡，有无搭接的痕迹，对接图案是否可以对接上。

5）看凹印部位图案

看凹印部位图案是否均由点线构成。雕刻凹版印刷技术广泛应用于第五套人民币的毛泽东头像、中国人民银行行名、面额数字、盲文标记等处。特点是图文线条精细、层次丰富、立体感很强，用手触摸时有明显的凹凸感。

6）用放大镜放大看

用5倍以上的放大镜观察票面，看图案线条、缩微文字是否清晰干净。真币的花纹和线条粗细均匀、图案清晰、色彩鲜艳、颜色协调、层次分明；而假币则线条凌乱，粗细不一，图案色彩层次暗淡不清，水印呆板、失真、模糊、无立体感。

2. 二摸

我国现行流通的人民币1元以上券都使用了凹版印刷技术。触摸票面上凹印部位的线条是否有明显的凹凸感。假币无凹凸感或者凹凸感不强烈。

1）摸是否有凹凸感

摸人像、盲文点、中国人民银行行名等处是否有凹凸感。第五套人民币纸币各券别正面主景均为毛泽东头像，采用手工雕刻凹版印刷工艺，形象逼真、传神，凹凸感强，易于识别。

2）摸纸币质量

摸纸币是否薄厚适中，挺括度是否好。真币纸张坚挺、厚薄适中，在特定部位有凹凸感；而假币一般纸质薄，挺括度差，表面光滑无凹凸感。

3. 三听

人民币的纸张是经过特殊处理、添加有特殊化学成分的纸张，具有挺括、耐折、不易撕裂的特点。通过抖动钞票使其发出声响，根据声音能够分辨人民币真伪。方法是：手持钞票用力抖动、手指轻弹或两手一张一弛轻轻对称拉动，能听到清脆响亮的声音；而假币在抖动或者弹击时声音发闷。

4. 四测

借助一些简单的工具和专用的仪器来分辨人民币真伪。

1）放大镜

通过借助放大镜观察票面线条清晰度和胶、凹印缩微文字等来鉴别人民币真伪。一般使用5～20倍的放大镜就可以鉴别。真币底纹线清晰、连续，而假币底纹线模糊、间断。

2）紫外灯

用紫外灯光照射票面来鉴别人民币真伪。利用紫外光照射，可以观察钞票纸张和油墨的荧光反映。真币无荧光反映，而假币有荧光反映。

3）磁性检测仪

用磁性检测仪来鉴别人民币真伪。在磁性触头上擦拭钞票特定部位（黑色横号码），通过有无磁感应来鉴别人民币真伪。真币有磁性油墨，有反应；而假币无磁性油墨，无反应。

4）防伪点钞机

用防伪点钞机来鉴别人民币真伪。主要是将紫外光照射等技术运用于点钞机，在机器点钞过程中，如出现假币，则机器会自动停机并报警。

（二）硬币的鉴别方法

据各大银行统计，硬币造假以1元假硬币案数量最多。1元硬币是我国目前面值最大的硬币，容易成为犯罪分子制造假币的目标。在日常生活中，如何辨别真、假1元硬币？主要有以下几种方法：

（1）用手摸。真硬币摸上去凹凸感特别强，如果硬币的边缘过于光滑则为假币。

（2）真、假硬币的色泽、光洁度不同。真币光泽较亮，而假币颜色暗淡，色泽远不如真币光亮，图案也粗糙、模糊。假硬币镀镍层薄、较易腐蚀生锈。真硬币一般不可能生锈，如果发现一枚生锈的硬币，那它很有可能就是假币。

（3）真、假硬币的铸造工艺不同。真币图案清晰、制作精美，而假币手感粗麻，正面图案中的花叶及花蕾的线条模糊不清。

（4）真、假硬币的棱角也有区别。真币的边缘部分打有人民币汉语拼音代号"RMB"，而假硬币边齿呈不均匀、不规则状，边缘薄厚不等，甚至歪斜，边缘很容易掉皮、氧化、腐蚀，出现磨损。

(5) 从正面和背面图案的相对位置关系也可辨别真、假硬币。1元真币根据技术标准规定,正面和背面的图文中心线应该正对,否则作为废品处理。而在假币中,正面和背面的图文中心线不正对的现象非常普遍。

(6) 假硬币中厚薄不均匀的现象也比较明显。有的犯罪分子还采用游戏机牌来制作1元假币,这些游戏机牌虽然直径和厚度接近1元硬币,但制作粗劣,图案和1元真币相差较大,只要稍加留心就不难辨别。

(7) 假硬币的分量比较轻,若与真币比较会有明显感觉。

(8) 如果使用上述方法仍无法辨认,可前往银行,由专业人员或者技术人员利用专业仪器进行识别。

四、假币及残币的处理

(一) 假币的处理

根据《中华人民共和国人民币管理条例》的规定,在日常生活中如果误收假币,则不应再次使用,应上缴当地银行或公安机关;看到别人大量持有假币,应劝其上缴,或向公安机关报告;发现有人制造、买卖假币,应掌握证据,向公安机关报告。公安机关和中国人民银行有权没收假币,办理人民币存取业务的金融机构可以收缴假币。除以上单位,其他单位和个人均无权没收和收缴假币。

出纳人员在收付现金时如发现假币,应立即送交附近银行进行鉴别,由银行开具没收凭证,予以没收处理。有追查线索的应及时报告就近的公安部门,协助侦查。出纳人员在发现可疑钱币且不能断定真假时,不得随意加盖假币戳记和没收,应向持币人说明情况,开具临时收据,连同可疑钱币及时报送当地银行、公安或司法部门。出纳人员误收、误持假币,或者被银行没收了,按照行业惯例,出纳人员必须承担赔偿责任,因为出纳人员应当具备识别真、假币的业务能力。

金融机构在办理业务时发现假币,由该金融机构两名以上业务人员当面予以收缴。对假人民币纸币,应当面加盖"假币"字样的戳记;收缴假币的金融机构向持有人出具中国人民银行统一印制的《假币收缴凭证》,并告知持有人如对被收缴的货币真伪有异议,可向中国人民银行当地分支机构或中国人民银行授权的当地鉴定机构申请鉴定。收缴的假币,不得再交予持有人。

(二) 残币的处理

残缺人民币是指由于某种原因明显缺少了一部分的人民币票币。

依据中国人民银行颁布的《残缺人民币兑换办法》规定,残缺人民币的兑换标准(见图2-25)如下。

1. 凡残缺人民币属于下列情况之一者,可全额兑换

(1) 票面剩余3/4以上(含3/4),具备规定特征的全额兑换。

(2) 票面污损、熏焦、水湿、油浸、变色等,但能辨别真假,票面完整或残缺不超过 1/4 的,票面其余部分图案、文字能照原样连接的。

(3) 流通过程中因摩擦受到损伤的硬币,只要能辨别正面的国徽或背面的数字,也可全额兑换。

2. 凡残缺人民币属于下列情况者,可半额兑换

(1) 票面剩余 1/2(含 1/2)至 3/4,具备规定特征的半额兑换。

(2) 纸币呈正十字形缺少 1/4 的,只能兑换半额,残币不能再流通使用。

3. 凡残缺人民币属下列情况之一者,不予兑换

(1) 票面残缺 1/2 以上者。

(2) 票面污损、熏焦、水湿、油浸、变色,不能辨别真假者。

(3) 故意挖补、涂改、剪贴、拼凑、揭去一面者。

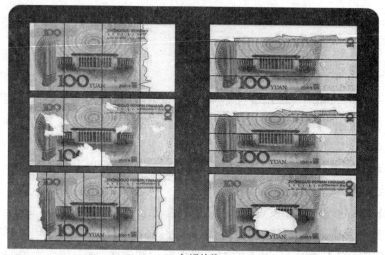

(a) 全额兑换

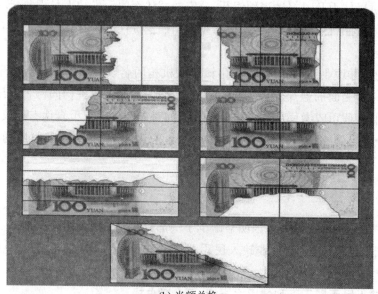

(b) 半额兑换

图 2-25　残缺人民币的兑换标准

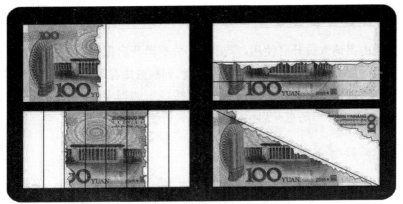

(c) 不可兑换

图 2-25 残缺人民币的兑换标准(续)

凡办理人民币存取款业务的金融机构应无偿为公众兑换残缺污损人民币,不得拒绝兑换。如遇到拒绝兑换的情况,可向中国人民银行投诉。不予兑换的残缺人民币由中国人民银行收回销毁,不得流通使用。及时回收市场流通中的损伤、残缺人民币,保持人民币的整洁,维护国家货币的信誉,需要企事业单位、广大群众、银行等各方面的配合。不论是单位还是个人,遇到不宜流通的损伤、残缺人民币,请不要再次使用或对外找付,应挑拣、粘补整理好,随时送存银行或办理兑换。

任务四 保险柜的使用

一、保险柜的管理

为了保障货币资金和票据等资产的安全与完整,各企业单位都应配备专用保险柜,专门用于存放现金,保管各种有价证券、银行票据、印章和其他出纳票据等。保险柜是一种防盗工具,出纳人员在使用时应注意以下几点:

(一)保险柜的管理

保险柜一般由总会计师或财务部门负责人授权,由出纳人员负责管理使用。

(二)保险柜钥匙的配备

保险柜要配备两把钥匙,一把由出纳人员保管,供出纳人员日常工作时使用,另一把交由保卫部门封存,或者由单位总会计师或财务部门负责人负责保管,以备特殊情况下经有关领导批准后开启使用。出纳人员不得将保险柜钥匙交由他人代为保管。

（三）保险柜的开启

保险柜只能由出纳人员开启使用，非出纳人员不得开启保险柜。如果单位总会计师或财务部门负责人需要对出纳人员的工作进行检查，如检查库存现金限额、核对实际库存现金数额或者有其他特殊情况需要开启保险柜的，应按规定的程序由总会计师或财务部门负责人开启，在一般情况下不得随意开启由出纳人员掌管使用的保险柜。

（四）财物的保管

出纳人员应将其使用的空白支票、银行收据、印章等放入保险柜内。保险柜内存放的现金应设置和登记现金日记账，其他有价证券、存折、票据等应按种类造册登记，贵重物品应按种类设置备查簿，登记其质量、金额等，所有财物应与账簿记录核对相符。按规定，保险柜内不得存放私人财物。

（五）保险柜密码

出纳人员应将自己保管使用的保险柜密码严格保密，不得向他人泄露，以防被他人利用。出纳人员调动岗位后，新出纳人员应使用新的密码。下班前要锁好保险柜，打乱密码，将钥匙带走，印章和支票要分开保管；关闭好门窗、电器，开启报警装置，锁好防盗门窗。

（六）保险柜的维护

保险柜应放置在隐蔽、干燥处，注意通风、防湿、防潮、防虫和防鼠。保险柜外要经常擦拭，保持干净，保险柜内财物应保持整洁卫生、存放整齐。一旦保险柜发生故障，应到公安机关指定的维修点进行修理，以防泄密或失盗。

（七）保险柜被盗的处理

安置保险柜的房间，应当按照国家规定采取安防措施。出纳人员发现保险柜被盗后应保护好现场，迅速报告公安机关或保卫部门，待公安机关勘查现场时才能清理财物被盗情况，不向无关人员泄露相关信息。节假日超过两天或出纳人员离开两天以上且没有他人代其工作时，应在保险柜锁孔处贴上封条，出纳人员返岗后揭封。如发现封条被撕掉或锁孔处被破坏，则应迅速向公安机关或保卫部门报告，以便公安机关或保卫部门及时查清情况，防止不法分子再次作案。

二、保险柜的使用方法

保险柜是一种特殊的容器。根据其功能可分为防火保险柜、防盗保险柜、防磁保险柜、防火防磁保险柜和防火防盗保险柜等。每一种保险柜都有国家标准。市面上的保险柜多为前两种。依据不同的密码工作原理，防盗保险柜又可分为机械保险柜和电子保险柜两种，前者的特点是价格比较便宜，性能比较可靠。早期的保险柜大部分都是机械保险柜。电子保险柜是将具有电子密码、IC卡等智能控制方式的电子锁应用到保险柜中，其特点是使用方便,特别是在宾馆中使用时,因为需要经常更换密码,所以使用电子密码保险柜就比较方便。

（一）机械保险柜的使用

1. 机械保险柜的基本结构

机械保险柜的基本结构如图 2-26 所示。

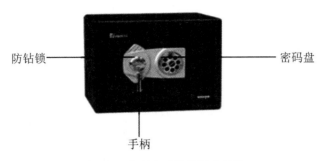

图 2-26　机械保险柜的基本结构

2. 机械保险柜的工作流程

机械保险柜的工作流程如图 2-27 所示。

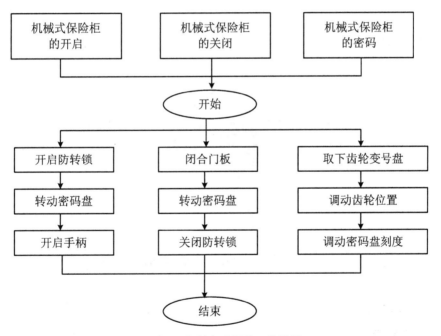

图 2-27　机械保险柜的工作流程

3. 机械保险柜的开启方法

（1）开启防钻锁：依照标记插钥匙向右转 90 度,锁即开启。

（2）转动密码盘：转动密码盘使其相应刻度对准密码底盘基准点。假设密码锁的三组数码为"10""20""30"。第一步,将保险柜密码旋钮顺时针旋转两圈,继续转动至刻度对准标数"10"。第二步,沿逆时针方向旋转一周,再继续旋转至"20"对准上面标记线。第三步,沿顺时针方向旋转,在"30"对准上面标记线时停止,密码锁开启完毕。

(3) 开启手柄：转动手柄并外拉，门即开。

4. 机械保险柜的关闭方法

(1) 闭合门板，转动手柄至关闭状态。

(2) 任意转动密码盘。

(3) 转动防钻锁钥匙至锁闭状态，拔出钥匙即可。

5. 机械保险柜更换密码的方法

(1) 打开柜门，拆下门后板。

(2) 卸掉防拉螺母，拿下齿轮变号盘。

(3) 打开齿轮变号盘，任意调动齿轮位置。

(4) 重新安装齿轮变号盘，上好防拉螺母。

(5) 按开启方法转动密码盘，使各齿轮变号盘上的缺口对准刻度板，再按密码盘刻度确定新密码。

(6) 用新密码进行开启试验，以便确定新密码是否准确。在开启试验时，绝对不准关闭柜门。

(7) 新密码确定后再将门板重新安装上。

（二）电子保险柜的使用

1. 电子保险柜的基本结构

电子保险柜的基本结构如图 2-28 所示。

图 2-28 电子保险柜的基本结构

2. 电子保险柜的工作流程

电子保险柜的工作流程如图 2-29 所示。

3. 电子保险柜的开启方法

(1) 按"♯"键启动，输入正确的个人密码或管理密码后，蜂鸣器发出三声"嘀"，屏显"Open"表示密码正确，电磁铁自动吸合 10 秒，10 秒内可进行开门、锁门动作。

(2) 如密码输入不正确，则屏显"Error"，重新切换到待输入状态，若三次输入错误，则报警两分钟。输入正确密码可解除报警。

4. 电子保险柜的关闭方法

(1) 电子保险柜开启 10 秒后，电磁铁自动吸合关闭。

(2) 闭合门板，转动防钻锁钥匙至锁闭状态，再拔出钥匙即可。

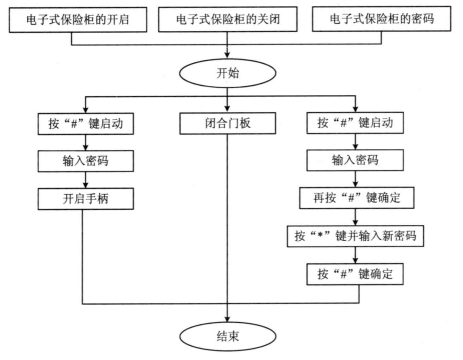

图 2-29 电子保险柜的工作流程

5. 电子保险柜更换密码的方法

一般电子保险柜有个人密码和管理密码两类。出厂的个人密码为"1234",管理密码为"123456"。按"♯"键启动,输入正确的个人密码和管理密码后,再按"♯"键确认,蜂鸣器发出三声"嘀",屏显"Open"表示密码正确,在 10 秒内按下"＊"键会进入初始密码的修改状态,同时显示"—",表示可设置新密码,任意输入 1～8 位密码后,按"♯"键确认,屏显"into",表示初始密码修改成功。

任务五 支付密码器的使用

一、支付密码器简介

（一）支付密码器

支付密码器是一种机具,采用中国人民银行总行和国家商用密码管理局联合颁布的《支付密码器系统》标准,用于运算产生支付密码,其安全性是由国家专门机构保证的。支付密码的功能主要通过支付密码器实现。支付密码器由器壳、键盘、单片机及液晶显示模块组成（见图 2-30）,单片机选用内含随机存储器（RAM）和掩膜加密程序存储器（ROM）的微机芯片,在单片机内部掩膜了完整的编码控制程序和加密算法程序,从而使其具有准确性高,安全性、抗破译性好,结构简单,使用和携带方便等特点。

图 2-30 支付密码器

任何一台通用性支付密码器都可以加载同一单位在不同银行的多个账号(最多20),可以在所有的银行使用。支付密码器中的账号由银行人员现场进行装载,账号对应的算法密钥是随机产生的,杜绝了银行柜员及供应商的泄密可能性,且支付密码器采用硬件(具有自毁装置的安全芯片)的形式保存用户的账号密钥,使支付密码器中客户的账号密钥不会被其他任何人和单位窃取。通用性支付密码器中的任意一个账号都会使用不同的算法密钥,即使支付凭证上的内容一样,使用不同支付密码器或不同账号计算出的支付密码均不相同,只有合法的密码器才能算出正确的支付密码,因此保证了支付密码的唯一性。

(二)支付密码

支付密码器的支付密码是根据票据号码、金额、账号、日期等信息计算出的一组16位密码,填写在票据上与印鉴结合作为付款依据。按照中国人民银行总行的要求,电子支付密码主要应用在支票(包括现金支票、转账支票)、汇兑凭证(电汇/信汇凭证)、银行汇票申请书、银行本票申请书和中国人民银行规定的其他类票据上。

由于支付密码是根据票据上的各个关键因素(金额、日期、账号等)和高强度的加密算法计算而来,不仅每张支票的支付密码都不相同,而且对支付凭证要素进行的任何篡改都会导致支付密码不正确,银行就会拒绝支付。另外,产生和核验支付密码的加密密钥是随机产生并保存在芯片之中的,企业和银行的人员都无法得到。支付密码产生的多层管理和自动核验等功能,减少了渎职和内部作案的机会,从而最大限度地保障了用户和银行的资金安全。同时,支付密码可以加强单位财务管理。存款人可以明确划分签发权限,为每名出纳人员设置可以签发的账号和签发限额,出纳人员的签发均各自独立,同时支付密码器内部存有完整的出票记录,可以有效追溯,便于掌握财务动态,防止内部人员作案。由此可见,支付密码业务可以为单位带来真正意义上的安全、便捷、高效。

二、支付密码器的操作流程

支付密码器的操作流程如图 2-31 所示。

图 2-31 支付密码器的操作流程

具体操作步骤如下：
(1) 按"开关键"打开电源，选择操作员（见图 2-32）。

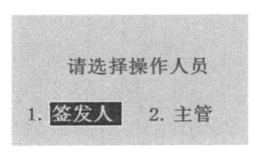

图 2-32 步骤 1

(2) 选择"签发人"后，按"确认"键，屏幕显示如图 2-33 所示。

图 2-33 步骤 2

(3) 按提示输入"签发人口令",密码正确后,进入"功能"菜单。
(4) 选择"签发凭证",点击"确认"键,屏幕显示如图 2-34 所示。

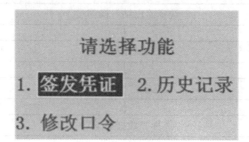

图 2-34　步骤 3

(5) 用"↑""↓"键选择签发人账号,点击"确认"键,屏幕显示如图 2-35 所示。

图 2-35　步骤 4

(6) 用"↑""↓"键选择业务种类,点击"确认"键,屏幕显示如图 2-36 所示。

图 2-36　步骤 5

(7) 输入凭证数据(日期、凭证号码、金额),屏幕显示如图 2-37 所示。

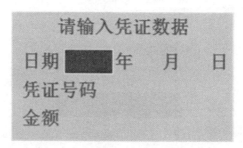

图 2-37　步骤 6

点击"确认"键,屏幕显示如图 2-38 所示。

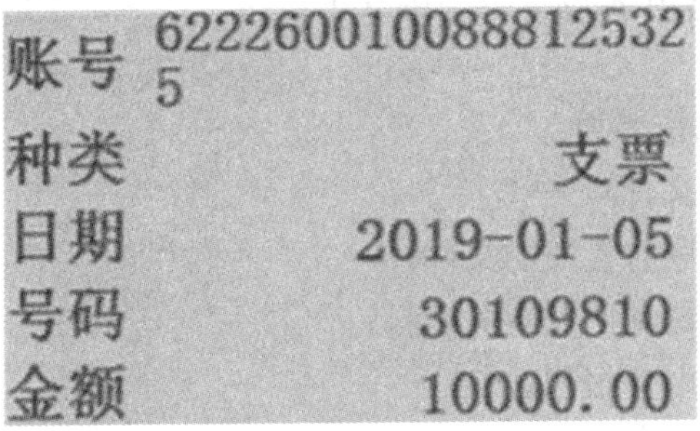

```
账号    6222600100888125325
种类                    支票
日期             2019-01-05
号码               30109810
金额               10000.00
```

图 2-38　步骤 7

（8）最后,点击"确认"键,显示支付密码,屏幕显示如图 2-39 所示。

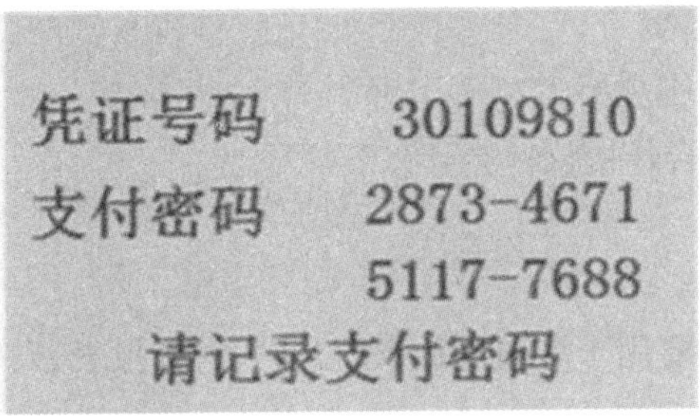

```
凭证号码    30109810
支付密码    2873-4671
            5117-7688
    请记录支付密码
```

图 2-39　步骤 8

任务六　印章和空白票据的保管

一、印章的使用和管理

（一）印章的含义和分类

公司印章是企业合法存在的标志,是企业权利的象征,是指在公司发行或管理的文件、凭证、文书等与公司权利义务有关的文件上,需以公司或有关部门名义证明其权威作用而使用的印章。主要包括行政公章、法人个人名章、合同专用章、财务专用章和部门专用章。规范公司印章管理,可保障公司印章使用的正确性、规范性和严肃性,有效地维护公司利益,杜绝违法违规行为的发生。

（二）印章的使用范围

公司各部门对所分工管理的行政公章、法人个人名章、合同专用章、财务专用章及部门专用章的管理和使用负全责,承担用印后果。公司所有印章必须按规定范围使用,不得超出范围使用。为规范企业财务印章的使用及管理,加强对财务事项的监控力度,防范财务管理风险,必须对财务印章的使用范围加以明确规定。

1. 行政公章

行政公章的使用范围主要为:

(1) 公司对外签发的文件;

(2) 公司与相关单位联合签发的文件;

(3) 以公司名义出具的证明及有关资料;

(4) 公司对外提供的财务报告;

(5) 公司章程、协议;

(6) 员工调动、任免及聘用;

(7) 合同资金担保承诺书。

2. 合同专用章

合同专用章的使用范围主要为:

(1) 对外投资、合资、合作协议;

(2) 各类经济合同等。

3. 法人个人名章

公司法人个人名章主要用于需加盖私章的合同、财务报表、人事任免等各类文件。

4. 财务专用章

公司财务专用章主要用于货币结算等相关业务。

5. 部门专用章

公司各职能部门专用章仅限于公司内部工作联系使用,一律不得对外。

(三)印章的管理

(1) 行政公章、合同专用章由行政管理部门专人负责管理。

(2) 专项业务章(财务章、人事章)由各部门指定专人负责管理。

(3) 公司法人个人名章由公司指定财务管理部门专人负责管理。

(4) 各部门须将印章管理员名单报行政管理部门备案。

(5) 印章管理员必须切实负责,不得将印章随意放置或转交他人。因事离开岗位需移交他人的,可由部门负责人指定专人代管,但必须办理移交手续,并填写印章移交登记表。

(6) 为保证资金的绝对安全,财务专用章、公司法人章等银行预留印章由两人以上分开保管、监督使用,做到一人无法签发支票、汇票,一人无法提出现金。

(四)印章的使用

(1) 印章的使用必须严格遵循使用审批程序,按照印章的使用范围,经审批后方可用章。

(2) 印章的使用由各管理员设立使用登记台账,严格审批和登记制度。

(3) 公司法人个人名章或部门总监私章由法人或总监本人签字,或者被授权人签字后方可使用。

（4）财务专用章、支票专用章、法人个人名章由财务部门按岗位职责权限使用。

（5）严禁员工私自将公司印章带出公司使用。若因工作需要，确需将印章带出使用时，需填写《携带印章外出申请表》，由分管领导及总经理、董事长签批后方可带出。印章外出期间，使用人只可将印章用于申请事由，并对印章的使用后果承担一切责任。

（6）以公司名义签订的合同、协议、订购单等，由专业人员审核，公司分管领导批准后方可盖章。

（7）私人取物、取款、挂失、办理各种证明，需用单位介绍信时，由行政管理中心严格审批，符合要求后办理并执行登记制度。

（8）任何印章管理员不得在当事人或委托人所持空白的格式化文件上加盖印章。用章材料必须已经填写完毕，字迹须清晰、正确。

（9）对已调出、解除、终止劳动关系人员要求出示相关证明的，必须持有效证件材料，经行政管理部门负责人审批后，方可盖章。

二、空白票据的含义和保管

（一）空白票据的含义

空白票据又称空白授权票据，是指发票人在签发票据时，有意将票据上应记载的事项不记完全，留待（授权）持票人以后补充的票据。票据为要式证券，一般应按法定要求填写签发，否则票据无效。但空白票据是个例外，因经济上的需要，发票人在用发票时不能确定某项必要记载事项而又必须将票据交出，故先行签发票据，交由持票人以后填补。持票人之所以能填补空白，是由于发票人的授权行为。

《中华人民共和国票据法》（以下简称《票据法》）涉及空白票据的条文仅有两条，而且都在支票一章中：第八十六条规定"支票上的金额可以由出票人授权补记，未补记前的支票，不得使用"。第八十七条第一款规定"支票上未记载收款人名称的，经出票人授权，可以补记"。从上述规定可以看出，我国虽没有禁止空白票据，但对其规定相当严格，目前我国空白票据制度有如下特征：

（1）空白票据只用于支票，不适用于汇票和本票；

（2）空白票据只存在于出票中，在其他票据行为中不允许存在；

（3）空白的事项只限于支票的金额和收款人名称。

（二）空白票据的保管

1. 空白支票的保管

空白支票是指存款人向银行领用的支票用纸，即尚未由发票人签发的支票。这种空白的支票用纸未经签发不生效力。发票人特意不记载支票要件的全部或一部分，而签名于欠缺要件的支票上，留由执票人日后补充的未完成的支票。主要包括受款人空白的支票、发票日空白的支票、金额及到期日空白的支票等种类。

开户单位向开户银行领购支票，一般会保留一定数量的空白支票在企业以备使用。支票是一种支付凭证,一旦填写了有关内容,并加盖印章后,即可提取现金或转账。在空白支票使用和保管上必须加强管理。所以,必须加强空白支票的管理和使用,采取必要措施妥善保管,以免发生非法使用和盗用、遗失等情况,给国家和企业造成不必要的经济损失。为此,出纳人员在保管空白支票时应注意以下几点。

1) 空白支票由专人保管

存有空白支票的单位必须严格管理空白支票,明确指定专人负责保管,要贯彻票、印分管的原则,空白支票和印章不得由同一人负责保管。这样可以明确责任,形成制约机制,防止舞弊行为。

2) 注销空白支票

单位撤销、合并、结清账户时,应将剩余的空白支票,填列一式两联清单,全部交回银行注销。清单一联由银行盖章后退交收款人,另一联作清户传票附件。

3) 要严格控制携带空白支票的外出采购

对事先不能确定采购物资单价、金额的,经单位领导批准,可将填明收款人名称和签发日期的支票交采购人员,明确用途和款项限额。使用支票人员回单位后必须及时向财务部门结算。

4) 设置"空白支票签发登记簿"

经单位领导批准,出纳人员签发空白支票后,应在"空白支票签发登记簿"(见表2-2)上加以登记。

表2-2 空白支票签发登记簿

支票类别: 　　　　年　月　日　　　　银行账号:

年		支票号码	用途	预计金额	领用人	报销日期		退票日期		备注
月	日					月	日	月	日	

会计主管　　　　　　　　　会计　　　　　　　　出纳

5) 其他注意事项

财务人员不得在支票签发前预先加盖签发支票的印章,签发支票时必须按编号顺序使用,对签错的支票或退票必须加盖"作废"戳记后与存根一起保管。

2. 空白收据的保管

空白收据是指未填制的收据。空白收据一经填制并加盖有关印鉴,即可成为办理转账结算和现金支付的一种书面证明,直接关系到资金结算的准确、及时和安全,因此必须按规定保管和使用空白收据。空白收据一般应由主管会计人员保管。领用空白收据时需填写"空白收据领用单",并经有关领导签字,会计人员根据签字后的"空白收据领用单"发放空白收据,并登记"空白收据登记簿"(见表2-3),填写领用日期、单位、起始号码,并由领用人签字,收据用完后,要及时归还、核销。

表 2-3 空白收据登记簿

领用日期			领用单位	起始号码	证件	签名	核销日期
年	月	日					

出纳人员在使用收据时应注意以下几点：

(1) 使用单位不得将收据带出工作单位使用；
(2) 不得转借、赠送或买卖收据；
(3) 不得弄虚作假、开具实物与票面不相符的收据；
(4) 作废的收据要加盖"作废"章，各联要连同存根一起保管，不要撕毁、丢弃；
(5) 出纳人员再次领用收据时，须将已用完的收据存根交还保管人员核销，留待以后备查。

学习小结

1. 会计书写规范是指会计工作人员在经济业务活动的记录过程中，对接触的数码和文字的一种规范化书写以及书写方法。财会书写的内容主要包括阿拉伯数字的书写和数字大写以及汉字书写。

2. 点钞技术是出纳人员必须掌握的一项基本业务技能。点钞方式按是否使用工具分为手工点钞和机器点钞。手工点钞可以分为手持式点钞和手按式点钞。其中，手持式点钞可以分为手持式单指单张点钞、手持式单指多张点钞、手持式多指多张点钞和手持式扇面点钞等方法。手按式点钞可以分为手按式单张点钞、手按式多指多张点钞和手按式半扇面点钞等方法。

3. 验钞技术主要介绍了货币的防伪技术、假币的主要特征、货币真伪的鉴别方法、假币及残币的处理。常见鉴别纸币的办法是一看、二摸、三听、四测。群众在日常生活中如果误收假币，则不应再次使用，应上缴当地银行或公安机关；看到别人大量持有假币，应劝其上缴，或向公安机关报告；发现有人制造、买卖假币，应掌握证据，向公安机关报告。

4. 为了保障货币资金和票据等资产的安全与完整，各企业单位都应配备专用保险柜，专门用于存放现金，保管各种有价证券、银行票据、印章及其他出纳票据等。保险柜是一种防盗工具。依据密码工作原理的不同，防盗保险柜又可分为机械保险柜和电子保险柜两种，前者的特点是价格比较便宜，性能比较可靠。电子保险柜是将具有电子密码、IC 卡等智能控制方式的电子锁应用到保险柜中，其特点是使用比较方便。

5. 支付密码器是一种机具，采用中国人民银行总行和国家商用密码管理局联合颁布的《支付密码器系统》标准，用于运算产生支付密码，其安全性是由国家专门机构保证的。支付密码器的支付密码是根据票据号码、金额、账号、日期等信息计算出的一组16位密码,填写在票据上与印鉴结合作为付款依据。

6. 公司印章是企业合法存在的标志,是企业权利的象征。主要包括行政公章、法人个人名章、合同专用章、财务专用章和部门专用章。公司所有印章必须按规定范围使用,不得超出范围使用。

7. 空白票据又称空白授权票据,是指发票人在签发票据时,有意将票据上应记载的事项不记完全,留待(授权)持票人以后补充的票据。本项目介绍了空白支票和空白收据的保管。存有空白支票的单位,必须严格管理空白支票,明确指定专人负责保管,要贯彻票、印分管的原则,空白支票和印章不得由同一人负责保管。使用单位不得将收据带出工作单位使用,不得转借、赠送或买卖收据。

 拓展训练

一、单选题

1. 下列各选项中,符合支票出票日期填写规定的是( )。
  A. 1月18日,应写为壹月拾捌日 B. 1月18日,应写为壹月壹拾捌日
  C. 1月18日,应写为零壹月拾捌日 D. 1月18日,应写为零壹月壹拾捌日

2. 下列各选项中,属于单指单张点钞法优点的是( )。
  A. 可看到钞票的大部分,易于识别假币 B. 不易挑出残票
  C. 一次记一个数,比较费力 D. 点钞速度很快

3. 下列各选项中,符合账簿中文字和数字书写要求的是( )。
  A. 为了防止做假,应写满格 B. 不要写满格,一般应占格距的1/3
  C. 不要写满格,一般应占格距的1/2 D. 登记账簿不得隔页、跳行

4. 下列选项中,有关数码字书写错误的是( )。
  A. 阿拉伯数字应当从左到右一个一个地写,不得连笔
  B. 数字要紧靠底线但不要顶满格
  C. 5 002.00元的大写金额写为伍仟零零贰元整
  D. 货币名称与金额数字之间不得留有空白

5. 出纳人员收到收银员交来的现金款30 000元。票面金额有100元、50元、20元、10元不等。以下关于使用点钞机时应注意的事项中,哪些说法是错误的?( )
  A. 放入点钞机点钞前需将纸币整理平整
  B. 褶皱较多或缺角严重的纸币必须先整理
  C. 将纸币进行分类,同一币值的分为一叠,分类进行清点
  D. 将纸币倾斜45度角后放入点钞机内

6. 出纳收到各种面值的纸币若干张,现在想利用水印来辨别真伪,以下哪些检验方法是错误的?( )
  A. 第五套人民币的纸币,固定水印位于票面正面左侧的空白处,迎光透视可以看到立体感很强的水印
  B. 20元、10元、5元纸币的水印为毛泽东头像图案,且与主像相同

C. 100元、50元纸币的水印为毛泽东头像图案,且与主像相同

D. 100元、50元、20元、10元、5元纸币在钞票编号的右下方都有币值的水印

7. 财务经理对于使用保险柜注意事项做了一些总结,请问以下哪种说法是错误的?(　　)

　　A. 开启保险柜,在输入保险柜密码时,要用手遮掩

　　B. 存取完现金后,出纳人员要及时把保险柜锁上

　　C. 保险柜应专门用于放置现金,其他物品不能放置在保险柜中

　　D. 保险柜上方最好装个摄像头,这样做可以更好地保障资金安全

8. 填写原始凭证时,不符合书写要求的是(　　)。

　　A. 阿拉伯数字前面应当写货币品种符号

　　B. 大写金额有"分"的,"分"字后面可以写整,也可以不写整

　　C. 汉字大写金额不得写简化字

　　D. 书写金额与币种符号间不得留有空白

9. 在原始凭证上金额￥3 618.63的大写应书写为(　　)。

　　A. 人民币叁仟陆佰拾捌元陆角叁分

　　B. 人民币叁仟陆佰壹拾捌元陆角叁分整

　　C. 人民币叁仟陆佰壹拾捌元陆角叁分

　　D. 人民币叁仟陆佰壹拾捌点陆角叁分

10. 在填写现金支票时,需按规定在小写金额前面加符号"￥",其作用是(　　)。

　　A. 为了美观　　　　　　　　　　B. 表明货币种类并防止作弊

　　C. 银行与企业约定的符号　　　　D. 无实际意义

11. 下列各项中,不符合票据和结算凭证填写要求的是(　　)。

　　A. 中文大写金额数字到"角"为止的,在"角"之后没有写"整"字

　　B. 票据的出票日期用阿拉伯数字填写

　　C. 阿拉伯数字小写金额前填写了人民币符号

　　D. "1月15日"出票的票据,票据的出票日期填写为"零壹月壹拾伍日"

12. 下列说法错误的是(　　)。

　　A. 中文大写金额数字写到"角"为止的,在"角"之后应写"整"字

　　B. 中文大写数字金额前应标明"人民币"

　　C. 中文大写金额数字应用正楷或行书填写

　　D. 阿拉伯数字小写金额要认真填写,不得连写,以免分辨不清

二、多选题

1. 辨认真、假币的方法有(　　)。

　　A. 看水印　　　B. 听声音　　　C. 看图案

　　D. 安全线　　　E. 摸图案　　　F. 验钞机鉴别

2. 点钞方法具体包括(　　)。

　　A. 手持式单指单张点钞法　　　　B. 手按式点钞法

　　C. 扇面式点钞法　　　　　　　　D. 手持式点钞法

3. 请问以下哪些方法可以检验钞票真伪？（　　）
   A. 一看：看水印、看安全线、看钞票上的图案颜色是否正常
   B. 二摸：摸凹凸感
   C. 三听：听响声是否清脆
   D. 四测：验钞机或其他仪器检测

4. 公司的窗户已经安装了防盗网，门口也配有保安。但是为了保证保险柜中物品的安全，请问出纳还应该具备哪些安全意识？（　　）
   A. 购买回来的保险柜应该放在财务办公室角落且紧靠墙壁固定住
   B. 应定期检查保险柜的使用情况，一旦保险柜发生故障，应到指定的维修点进行修理，以防泄密或失盗
   C. 下班前要检查保险柜上方的摄像系统是否正常开启
   D. 若发现保险柜被盗，应保护好现场，迅速报警

5. 以下物品中，哪些是应该存放在保险柜内保管的？（　　）
   A. 空白收据　　B. 空白支票　　C. 备用金　　D. 有价证券

6. 在签发支票时，2 100.67的大写金额书写正确的有（　　）。
   A. 贰仟壹佰元陆角柒分
   B. 贰仟壹佰元零陆角柒分正
   C. 贰仟壹佰元零陆角柒分
   D. 贰仟壹佰零零元陆角柒分

7. 在填写票据出票日期时，下列选项中应在日期前加"零"的是（　　）。
   A. 壹月　　B. 拾壹日　　C. 壹拾日　　D. 贰月

8. 下列各项中，符合《支付结算办法》规定的有（　　）。
   A. 用繁体字书写中文大写金额数字
   B. 中文大写金额数字的"角"之后不写"整"（或"正"）字
   C. 阿拉伯小写金额数字前面应填写人民币符号"￥"
   D. 用阿拉伯数字填写票据出票日期

三、判断题

1. 能辨别面额，票面剩余3/4（含3/4）以上，其图案、文字能按原样连接的，按原面额全额兑换。（　　）

2. 出纳人员要对空白支票加强管理，作废的支票可以直接撕掉。（　　）

3. 为保证数字书写规范，阿拉伯数字前写有币种符号的，金额数字后仍须再写货币单位。（　　）

4. 出纳人员在收付现金时发现假币，应立即送交银行鉴别，并由银行开具没收凭证，予以没收处理。单位无权没收假币。（　　）

5. 为填列支票方便，单位的支票和印鉴可以由出纳人员一人保管。（　　）

6. 变造币是指仿照真币原样，利用各种手段非法重新仿制的各类假票币。（　　）

7. 出纳人员在下班前对保险柜中的钞票进行盘点，在点钞时至少要点验两遍以确保金额无误且无假币。每叠钞票点完后应在草稿纸上记数，待所有钞票点完后，将草稿上的数字记录汇总，得出钞票的总金额。（　　）

8. 出纳人员将个人的存折、首饰和现金放入公司的保险柜里保管。请问这种做法是否

正确?（　　）

9. 公司为了方便支取保险柜内的现金,给财务室的每名会计都配备了保险柜钥匙,并且将密码备份给他们。请问这种做法是否正确?（　　）

10. 假币绝不允许继续流通,如有意继续使用,则属于违法行为,情节严重的将追究刑事责任。（　　）

四、实训题

1. 将下列大写金额用阿拉伯数字表示为小写金额。

(1) 人民币柒拾万零陆仟元整

(2) 人民币捌佰肆拾叁元贰角玖分

(3) 人民币伍仟捌佰陆拾陆万柒仟叁佰贰拾壹元整

(4) 人民币壹仟贰佰万零伍佰陆拾元零捌角贰分

(5) 人民币贰万叁仟陆佰捌拾元整

(6) 人民币玖万壹仟元零柒角伍分

(7) 人民币玖拾肆万零伍拾元零贰分

(8) 人民币捌万壹仟玖佰柒拾元整

(9) 人民币叁佰万元整

(10) 人民币伍拾万元整

2. 将下列小写金额表示为大写金额。

(1) ￥16.43

(2) ￥198 000.00

(3) ￥5 006.78

(4) ￥270 060.29

(5) ￥678 000.00

(6) ￥222.00

(7) ￥4 576.23

(8) ￥92 450.71

(9) ￥3 100 810.05

(10) ￥65 000.47

五、简答题

1. 识别假人民币的基本方法是什么?如何正确识别第五套人民币的真伪?

2. 手工点钞的基本要求是什么?如何掌握手持式点钞法的基本要领?

六、综合题

海河公司出纳员潘江于2010年3月10日签发了一张现金支票,现金支票上的日期填写为"贰零壹零年叁月拾日",其余事项填写均正确。公司财务科于9月10日签发一张转账支票,付款人为基本存款账户开户银行丙,该支票未填写收款人名称和出票金额,公司办公室人员张军持该支票向A购物中心购买办公用品,张军在转账支票上补记了收款人为A购物中心、金额为6 000元,并将转账支票交给了A购物中心。A购物中心于9月21日持该转账支票向丙银行提示付款,被拒绝付款。

要求分析：

1. 该现金支票日期填写是否正确？银行是否应该受理？

2. 该公司财务科签发的未填写收款人名称和出票金额的转账支票是否有效？说明理由。

3. 丙银行拒绝 A 购物中心的付款请求是否符合规定？说明理由。

项目三　现金管理业务

熟知库存现金开支范围及其管理的相关规定；
掌握库存现金收付业务的处理程序；
掌握库存现金清查的方法。

熟练办理库存现金收付业务和存取业务；
熟练使用现金支票；
能根据当天业务登记库存现金日记账；
能进行库存现金清查。

案例导读

小王是一名刚刚入职双凤有限公司的出纳人员，在新员工入职培训时，会计主管向他提出了很多问题。这些问题主要包括："公司哪些业务可以使用现金交易？""保险柜中保存的现金是否有限额规定？""什么是坐支现金，坐支现金是否符合现金管理有关规定？""基本的点钞方法有哪几种，你最熟练的是哪一种？""填写收据时要注意哪些问题？""现金送存包括哪些程序，你是否会填制现金交款单？"等等。小王对有些问题回答得非常正确，但对有些问题却一知半解。会计主管对小王进行了悉心指导，并指出这些问题对未来的出纳工作是至关重要的。小王暗下决心，今后一定要努力工作，在实践中不断积累经验。

任务一　现金管理概述

一、现金的含义及使用范围

(一)现金的含义

现金即库存现金,是指存放于企业财务部门由出纳人员保管的,用于日常零星开支的货币,包括库存的人民币和各种外币。库存现金是企业流动性最强的货币资产,企业应该严格遵守国家有关现金管理制度,正确地进行现金的收支核算,监督现金使用的合法性和合理性。

(二)现金的使用范围

根据国务院发布的《现金管理暂行条例》的规定,企业可以在规定的范围内使用现金:
(1)职工工资、津贴;
(2)个人劳务报酬,包括稿费、授课费以及其他劳务费用;
(3)根据国家规定颁发给个人的科学技术资金、文化艺术资金、体育资金等;
(4)各种劳保、福利费用及国家规定对个人的其他支出(其他支出如学生助学金、职工困难生活补助等);
(5)向个人收购农副产品和其他物资的价款;
(6)出差人员必须随身携带的差旅费;
(7)结算起点以下的零星支出,现行规定银行结算起点为1 000元;
(8)中国人民银行确定需要支付现金的其他支出。

二、现金的限额

(一)库存现金限额的含义

库存现金的限额是指企业为了保证日常零星开支的需要,按规定允许留存现金的最高数额。库存现金的限额由开户银行根据单位的实际需要和距离银行远近等情况核定,一般按照单位3～5天日常零星开支所需现金量确定,远离银行或交通不便的单位可依据实际情况适当放宽,但最高不得超过15天的日常零星开支所需现金量。库存现金限额一般每年核定一次,企业因生产和业务发展需要增加或减少库存现金限额时,应当向开户银行提出申请,由开户银行核定。

（二）核定库存现金的限额

出纳人员根据月度或季度的平均现金支出总额，但不包括定期的大额现金支出和不定期的大额现金支出，计算每日平均现金支出总额，并在此基础上计算库存现金限额。具体计算公式如下：

库存现金限额＝每日平均现金支出×限定的天数

每日平均现金支出＝月（季）度的平均现金支出总额/月（季）平均天数

三、现金的收支规定

依据《现金管理暂行条例》，开户单位办理现金收、付款业务应当遵循以下基本原则：

(1) 开户单位库存现金一律实行限额管理。

① 凡在银行开户的独立核算单位都要核定库存现金的限额；

② 独立核算的附属单位，由于没有在银行开户，但需要保留现金，也要核定库存现金限额，其限额包括在上级单位的库存现金限额内；

③ 商业企业的服务行业或零售门市需要保留找零备用金，其限额可根据业务经营需要核定，而不包括在该企业库存现金限额之内。

(2) 开户单位收入现金，应当于当日送存开户银行，当日送存确有困难的，由开户银行确定送存时间。不准将单位收入的现金作为个人储蓄存款，即不得公款私存。

(3) 开户单位支付现金，必须遵守现金的使用范围，从本单位库存现金限额中支付或从开户银行提取，不得从本单位的现金收入中直接支付，即不得坐支现金。坐支现金是指单位收入现金后未送存开户银行，直接从收入现金中支付现金的行为。因特殊情况需要坐支现金的，应当事先报经开户银行审查批准，由开户银行核定坐支范围和限额，同时收入的现金必须入账。

(4) 开户单位从开户银行提取现金时，必须在现金支票上注明真实用途，不准谎报用途套取现金。

(5) 不准用借条、欠条等不符合财务制度的凭证顶替库存现金，即不得白条抵库。

(6) 不准利用银行账户代替其他单位或个人存入或支取现金，即不得出租或出借银行账户。

(7) 不准保留账外公款，即不得私设小金库。

任务二 现金收款业务

一、现金收入的主要来源

单位在办理经济业务时,可以根据国家现金管理制度的规定,在一定范围内收取现金。一般在以下几种情形下可以收取现金:

(1) 单位或职工交回的差旅费剩余款、赔偿款、备用金退回等。
(2) 收取不能转账的单位或个人的销售收入。
(3) 不足转账起点(起点一般为100元)的小额收入等。

除上述项目可直接收入现金外,其余收款业务原则上都必须通过银行转账结算。

知识拓展

备用金

备用金是指支付给单位内部非独立核算的部门或工作人员,作为零星开支、零星采购或差旅费等费用的款项。备用金根据管理制度可以分为定额备用金和非定额备用金。对于用款部门发生的零星开支用的备用金,可实行定额备用金制度,即由指定的备用金负责人按照规定的数额领取,支用后按规定手续集中办理报销,补足原定额。非定额备用金是指财务部门根据需要预付用款部门或个人一定数额的备用金,用款部门或个人使用后,凭单据报销,多退少补结清账款。

对于预支的备用金,拨付时可记入"其他应收款"科目的借方;报销和收回余款时记入该科目的贷方。在实行定额备用金制度的单位,除拨付、增加或减少备用金定额时通过"其他应收款"科目核算外,日常支用报销补足定额时都不要通过该科目,而将支用数直接记入有关成本类科目、费用类科目。非定额备用金的使用则视同一般借款。

二、现金收款业务流程

出纳人员办理现金收款业务一般会经历受理收款业务、当面点清现金、开具收据、编制记账凭证、登记库存现金日记账五个环节。现金收款业务的一般操作流程如图3-1所示。

(一)受理收款业务

该环节主要针对收到的相关凭证,审核凭证记录的业务内容是否完整、真实、准确,相关的手续是否齐全,有关责任人是否签字盖章等。

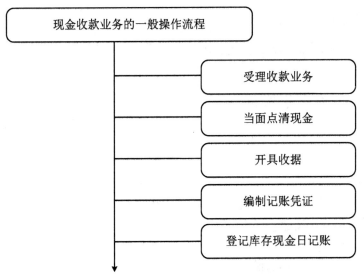

图 3-1　现金收款业务的一般操作流程

（二）当面点清现金

当确认所受理的凭证准确无误时，出纳人员应当面点清所收到的现金，并与付款人核对，保证收款依据和收款金额一致。

（三）开具收据

与付款人核对所收现金无误后，向付款人开具收款凭据。收据一般一式三联，第一联为存根联；第二联为交款人回执联，需加盖财务专用章；第三联为本单位记账依据联，需要加盖现金收讫章。收据的一般格式如图 3-2 所示。

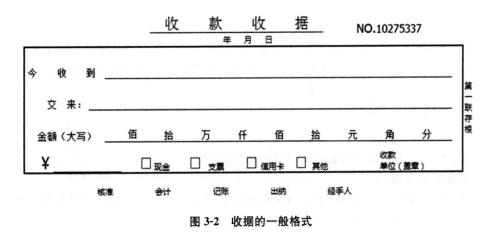

图 3-2　收据的一般格式

（四）编制记账凭证

根据所开具收据的记账联和相关凭证编制记账凭证，并在凭证"出纳"栏签章。

（五）登记库存现金日记账

根据审核无误的记账凭证登记库存现金日记账。

三、现金收款业务实例

（一）销售收款

【实例 3-1】 2019 年 06 月 16 日，华盛实业股份有限公司销售 2 套网布椅给北京禾祥商贸有限公司，单价为 240 元（不含税价），价税合计 542.40 元。本公司收到现金，当日开具增值税普通发票，货已自提带走。

企业基本信息如下：

单位名称：华盛实业股份有限公司

单位简称：华盛公司

性质：股份有限公司、批发兼零售企业，增值税一般纳税人（税率13%）

单位地址：北京海淀区翠微路 15 号

单位电话：01084061822

税务登记号：911101068022150462

开户银行：中国银行北京海淀支行

行号：141000982231

基本账户账号：4563510100888122489

法人代表：庄振忠

银行预留印章为：财务专用章和法定代表人私章，财务专用章由财务经理保管，法人章由总经理保管

会计部门人员安排：

出纳员：罗燕红　　　　　会计员：苏伟轮、汪权闽　　　　　财务经理：张士达

（注：上述公司信息、个人信息均为虚构，华盛实业股份有限公司的基本信息在此统一陈述，本书后续内容涉及时就不再复述。）

相关出纳业务处理如下：

1. 清点现金

出纳员罗燕红当场清点现金数量，并检查货币真伪。

2. 开具销售发票

出纳员罗燕红机开一式两联的增值税普通发票（见图 3-3），并交给会计员复核。会计员复核无误后，将第二联发票联交给购买方，第一联留存记账。

图 3-3 增值税普通发票

增值税专用发票和增值税普通发票

增值税专用发票是由国家税务总局监制的,是增值税计算和管理中重要的决定性的合法的专用发票。只限于增值税一般纳税人领购使用,既作为纳税人反映经济活动中的重要会计凭证,又是兼记销货方纳税义务和购货方进项税额的合法证明。

增值税专用发票可以认证进行税额抵扣。增值税专用发票基本联次为三联:第一联为记账联,销售方用作记账凭证;第二联为抵扣联,购货方用作扣税凭证;第三联为发票联,购货方作为记账凭证。

增值税普通发票是将除商业零售以外的增值税一般纳税人纳入增值税防伪税控系统开具和管理,也就是说一般纳税人可以使用同一套增值税防伪税控系统开具增值税专用发票、增值税普通发票等,俗称"一机多票"。增值税普通发票是不可以认证进行税额抵扣的,在开具时,普通发票的购货单位栏也可以只填写购货人的公司名称。

增值税普通发票基本联次为两联:第一联为记账联,销售方用作记账凭证;第二联为发票联,购买方用作记账凭证。

3. 编制记账凭证

出纳员罗燕红根据增值税普通发票第一联记账联,编制库存现金记账凭证(见图 3-4),并交给会计员苏伟轮审核。

记账凭证

记字第 1 号

2019 年 6 月 16 日

摘要	总账科目	明细科目	借方金额（亿千百十万千百十元角分）	贷方金额（亿千百十万千百十元角分）	√
收到货款	库存现金		54240		
	主营业务收入			48000	
	应交税费	应交增值税(销项税额)		6240	
合计			￥54240	￥54240	

附单据 1 张

会计主管： 记账： 出纳：罗燕红 复核：苏伟轮 制单：罗燕红

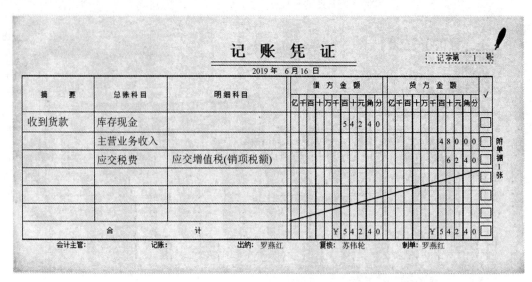

图 3-4 记账凭证

4. 登记现金日记账

出纳员罗燕红根据审核无误的记账凭证登记库存现金日记账(见图 3-5)。

现金日记账

第 3 页

2019年 月	日	凭证 种类	号数	票据号数	摘要	借方（百十万千百十元角分）	贷方（百十万千百十元角分）	余额（百十万千百十元角分）	核对
06	01				承前页	81320000	81209800	500000	
06	16	记	1		收到货款	54240		554240	

图 3-5 库存现金日记账

同时,在凭证中的“记账”栏画上记账符号“√”,并在凭证下方加盖记账人签章。

（二）差旅费退回

【实例 3-2】 2019 年 03 月 10 日,华盛实业股份有限公司采购员王忠交回差旅费余款现金 850.00 元。相关出纳业务处理如下:

1. 清点现金

出纳员罗燕红对交回的差旅费余额进行审核,核对余款是否与预借差旅费和实际报销金额的差额一致;当场清点现金数量并检查货币的真伪。

2. 填制收款收据

出纳员罗燕红根据实收现金填写一式三联的现金收款收据（见图3-6），将第二联回执联加盖财务专用章后交给交款人王忠作为收执，剩余的第一联存根联和第三联记账联留存企业，并交给会计员苏伟轮审核。

```
        收 款 收 据         NO.10275386
            2019 年 03 月 10 日
  今 收 到    王忠
  交  来：    差旅费余款
  金额（大写）  零佰  零拾  零万  零仟  捌佰  伍拾  零元  零角  零分
   ¥ 850.00   ☑现金  □支票  □信用卡  □其他    收款单位（盖章）
      核准      会计      记账      出纳罗燕红      经手人
                                                              第一联存根
```

```
        收 款 收 据         NO.10275386
            2019 年 03 月 10 日
  今 收 到    王忠
  交  来：    差旅费余款
  金额（大写）  零佰  零拾  零万  零仟  捌佰  伍拾  零元  零角  零分
   ¥ 850.00   ☑现金  □支票  □信用卡  □其他   （财务专用章）
      核准      会计      记账      出纳罗燕红      经手人
                                                              第二联交对方
```

```
        收 款 收 据         NO.10275386
            2019 年 03 月 10 日
  今 收 到    王忠
  交  来：    差旅费余款       （现金收讫）
  金额（大写）  零佰  零拾  零万  零仟  捌佰  伍拾  零元  零角  零分
   ¥ 850.00   ☑现金  □支票  □信用卡  □其他    收款单位（盖章）
      核准      会计      记账      出纳罗燕红      经手人
                                                              第三联交财务
```

图3-6 收款收据

3. 编制记账凭证

出纳员罗燕红根据收款收据的第三联记账联，编制库存现金记账凭证（见图3-7），并交给会计员苏伟轮审核。

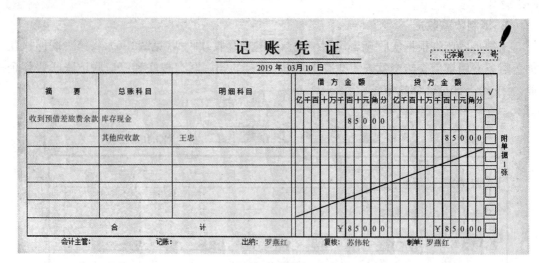

图 3-7 记账凭证

4. 登记现金日记账

出纳员罗燕红根据审核无误的记账凭证登记库存现金日记账(略)。同时,在凭证中的"记账"栏画上记账符号"√",并在凭证下方加盖记账人签章。

任务三 现金付款业务

一、现金付款业务范围

企业在正常经营过程中,很多业务需要以现金支付。但现金支付必须符合中国人民银行制定的现金管理条例中的现金支付范围(参见项目三中的任务一)。

二、现金付款业务流程

现金付款可分为主动支付和被动支付两种。主动支付是指出纳主动将现金支付给收款单位或个人,如发放工资、奖金、薪金、津贴以及福利等现金支出。被动支付是指收款单位或个人持有关凭据到出纳部门领报现金。

(一)主动支付

在主动支付的情况下,现金支出业务的一般操作流程如图 3-8 所示。
1. 编制付款单
根据单位管理制度规定,计算出应付款金额,并编制付款单。
2. 现金装袋
根据付款单内容将应支付的现金按个人或单位分别装入袋中。

3. 发放现金

将现金发放给收款人。若当面发放给收款人，应与收款人当面点清现金；若为他人代收，应有代收人签收的证明。

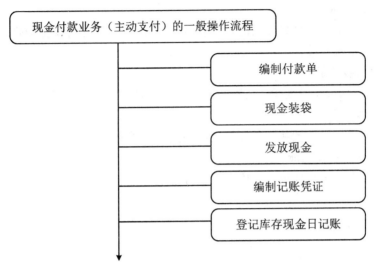

图 3-8　现金付款业务（主动支付）的一般操作流程

4. 编制记账凭证

根据付款单等资料编制记账凭证，并在凭证中的"出纳"栏签章。

5. 登记库存现金日记账

根据审核无误的记账凭证登记库存现金日记账。

（二）被动支付

在被动支付的情况下，其一般操作流程与现金收款业务类似，现金支出业务的操作流程如图 3-9 所示。

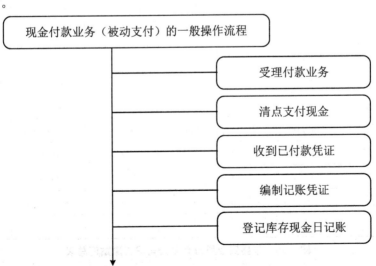

图 3-9　现金付款业务（被动支付）的一般操作流程

1. 受理付款业务

该环节主要复核现金付款凭证,审核凭证记录的业务是否真实、金额是否准确、相关的手续是否齐全、有关责任人是否签字盖章等。

2. 清点支付现金

当确认所受理的凭证准确无误时,出纳人员应当面清点并支付现金给收款人,保证支付金额和付款凭证金额一致。

3. 收到已付款证据

现金支付无误后,在付款凭证所附的原始凭证上加盖"现金付讫"章。

4. 编制记账凭证

根据付款凭证以及其他相关的原始凭证编制记账凭证,并在凭证中的"出纳"栏签章。

5. 登记库存现金日记账

根据审核无误的记账凭证登记库存现金日记账。

三、现金付款业务实例

(一)发放现金津贴

【**实例 3-3**】2019 年 09 月 28 日,华盛实业股份有限公司出纳员罗燕红收到经人事部门审核的本单位职工 9 月份的津贴汇总表(见图 3-10),要求发放现金津贴。

2019 年 9 月 28 日　　　　　　　　　　　　　　　　　　　　　单位:元

序号	职工姓名	津贴			应发津贴	实发津贴	领取人签章
		岗位	学历	其他			
1	魏晓维	900.00	250.00	150.00	1 300.00	1 300.00	
2	罗燕红	750.00	150.00	100.00	1 000.00	1 000.00	
3	汪权闽	850.00	200.00	150.00	1 200.00	1 200.00	
4	张志经	800.00	200.00	100.00	1 100.00	1 100.00	
5	张士达	900.00	250.00	150.00	1 300.00	1 300.00	
6	宋瑞之	600.00	100.00	0.00	700.00	700.00	
7	孙忠全	550.00	100.00	0.00	650.00	650.00	
8	王忠	450.00	50.00	0.00	500.00	500.00	
9	马明	450.00	50.00	0.00	500.00	500.00	
10	王修	300.00	50.00	0.00	350.00	350.00	
	合计	6 550.00	1 400.00	650.00	8 600.00	8 600.00	

图 3-10　华盛实业股份有限公司职工津贴汇总表

1. 复核津贴汇总表中金额

对津贴汇总表中的金额进行复核计算,对应发津贴和实发津贴进行核对,以确保津贴发放工作准确无误，检查审批手续是否完善。

2. 分装津贴入袋

出纳人员根据复核无误的津贴汇总表中的实际津贴付款金额清点现金，若不足，应从银行提取现金，以保证津贴发放工作顺利进行。出纳人员按照表中的人员姓名，将津贴款放入工资袋中。在全部的工资袋装好后，应进行复核检查，避免出现差错。

3. 发放津贴

现金发放时，如果是直接发放给收款人的，应该当面点清并由收款人签收；如果是他人代为收款的，由代收款人签收。

4. 编制记账凭证

出纳员罗燕红根据领款人签收的津贴汇总表，编制库存现金记账凭证(见图 3-11)，并交给会计员苏伟轮审核。

记 账 凭 证

记 字第 3 号

2019 年 9 月 28 日

摘要	总账科目	明细科目	借方金额（亿千百十万千百十元角分）	贷方金额（亿千百十万千百十元角分）	√
发放津贴	应付职工薪酬		860000		
	库存现金			860000	
合计			￥860000	￥860000	

附单据 1 张

会计主管：　　记账：　　出纳：罗燕红　　复核：苏伟轮　　制单：罗燕红

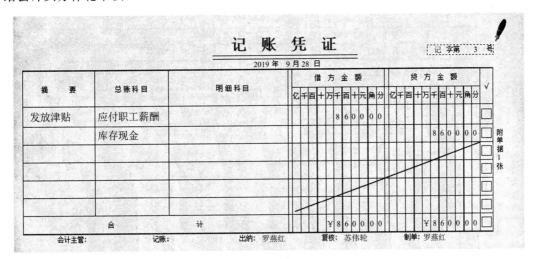

图 3-11　记账凭证

5. 登记现金日记账

出纳员罗燕红根据审核无误的记账凭证登记库存现金日记账(见图 3-12)。

现 金 日 记 账

第 3 页

2019年 月	日	凭证 种类	凭证 号数	票据号数	摘要	借方（百十万千百十元角分）	贷方（百十万千百十元角分）	余额（百十万千百十元角分）	核对
09	01				承前页	81320000	81209800	500000	
09	10	记	1		提取现金	500000		1000000	
09	21	记	2		销售收款	380000		1380000	
09	28	记	3		发放津贴		860000	520000	

图 3-12　库存现金日记账

同时，在凭证中的“记账”栏画上记账符号“√”，并在凭证下方加盖记账人签章。

（二）现金存入银行

【实例 3-4】 2019 年 10 月 18 日，华盛实业股份有限公司出纳员罗燕红将当天的销售款送存开户银行（其中 100 元券 56 张、50 元券 35 张、10 元券 200 张）。相关出纳业务处理如下：

1. 核对并整理当天的销售款
出纳员罗燕红核对当天的销售业务，并清点当天的销售款，查看是否账款相符。

2. 现金送存开户银行
出纳员罗燕红将核对无误的销售款送存开户银行，填制现金解款单（见图 3-13）。

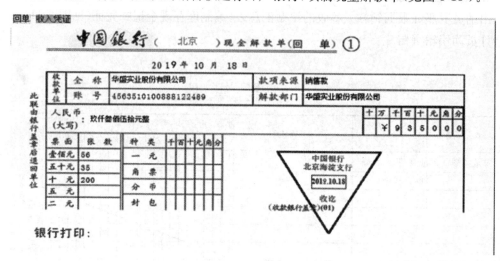

图 3-13　现金解款单

3. 编制记账凭证
出纳员罗红燕根据现金解款单的回单，编制库存现金记账凭证（见图 3-14），并交给会计员苏伟轮审核。

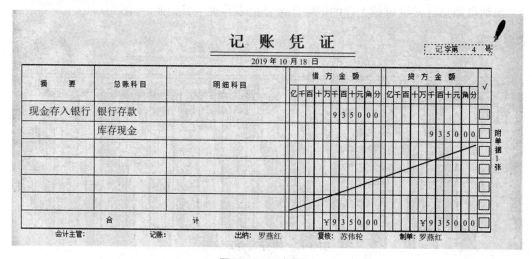

图 3-14　记账凭证

4. 登记现金日记账

出纳员罗燕红根据审核无误的记账凭证登记库存现金日记账(图略)。同时,在凭证中的"记账"栏画上记账符号"√",并在凭证下方加盖记账人签章。

(三)预借差旅费

【**实例 3-5**】2019 年 06 月 27 日,华盛实业股份有限公司采购员宋瑞之前往上海出差,预借差旅费 4 500.00 元,请办理借款。相关出纳业务处理如下:

1. 审核借款单

出纳员罗燕红仔细审核经办人员宋瑞之填写的借款单(见图 3-15),核对借款事由是否符合现金支付的范围;审核是否按照企业相关财务会计制度的规定,依次经部门主管审核、财务主管等有关领导审批。

借 款 单

借款单属于单位内部自制原始凭证,是借款人借款的凭证。借用公款时,由借款人填写借款单(注明借款金额、日期、用途等),经办部门负责人、财务主管以及法人签字批准,方可办理借款手续,领取现金。在借款金额较大时,应附相关的明细支出项目及金额的预算申请书。

借款单一式三联:第一联为付款凭证,作为财务部门记账依据;第二联为结算凭证,借款期间由出纳留存,报销时作为核对依据,报销后随同报销单据作为记账凭证的附件;第三联交由借款人保存。

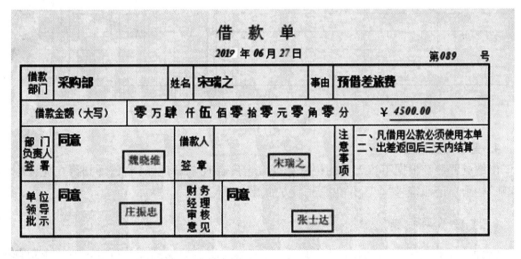

图 3-15 借款人填写借款单

2. 支付现金

出纳员罗燕红支付采购员宋瑞之人民币 4 500 元(见图 3-16),并在一式三联的借款单上加盖出纳人员印鉴和"现金付讫"章。

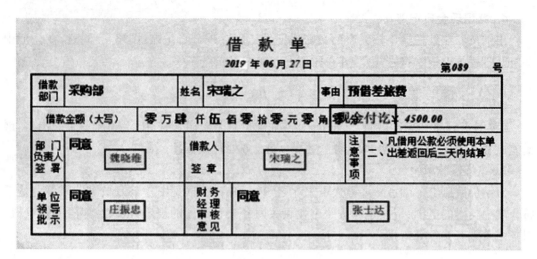

图 3-16 出纳办理借款单

3. 编制记账凭证

出纳员罗燕红依据借款单第一联,编制库存现金记账凭证(见图 3-17),并将借款单粘贴在记账凭证背面,交给会计员苏伟轮审核。

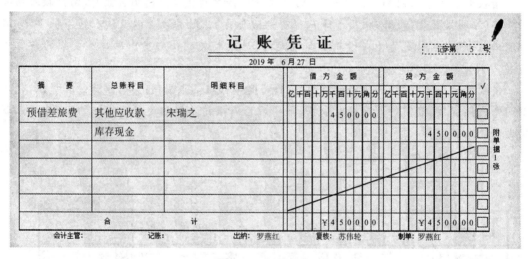

图 3-17 记账凭证

4. 登记现金日记账

出纳员罗燕红根据审核无误的记账凭证登记库存现金日记账(略)。同时,在凭证中的"记账"栏画上记账符号"√",并在凭证下方加盖记账人签章。

(四)差旅费报销

【**实例 3-6**】2019 年 06 月 05 日,华盛实业股份有限公司采购部孙忠全出差回来报销差旅费,出纳人员审核报销单并核销预借款,如果单据无误,则签章确认办理付款。相关出纳业务处理如下:

1. 审核出差人员递交的差旅费报销单

采购部孙忠全填写差旅费报销单(见图 3-18),相关负责人签章后交给出纳员罗红燕办理。出纳员需要对出差人递交的差旅费报销单上的金额、应补退金额、审批手续等信息进行审核,并与借款单第二联结算凭证中的相关信息进行核对。

差旅费报销单

2019 年 06 月 05 日

所属部门		采购部	姓名	孙忠全	出差天数	自 06 月 01 日至 06 月 04 日共 03 天		
出差事由		采购	借旅支费	日期 2019年06月01日	金额¥3000.00	结算金额:¥3000.00		
出发		到达		起止地点	交通费	住宿费	伙食费	其他
月	日	月	日					
06	01	06	04	北京--上海		1040.00	2280.00	
合计				零拾 零万 叁仟 叁佰 贰拾 零元 零角 零分 ¥3320.00				

总经理:庄振忠　财务经理:张士达　部门经理:魏晓维　会计:苏伟轮　出纳:　报销人:孙忠全

图 3-18　出差人员填写差旅费报销单

2. 支付现金

出纳员审核后,将人民币 320 元交给报销人员孙忠全,在差旅费报销单上加盖"现金付讫"章,并加盖出纳员印章(见图 3-19)。

差旅费报销单

2019 年 06 月 05 日

所属部门		采购部	姓名	孙忠全	出差天数	自 06 月 01 日至 06 月 04 日共 03 天		
出差事由		采购	借旅支费	日期 2019年06月01日	金额¥3000.00	结算金额:¥3000.00		
出发		到达		起止地点	交通费	住宿费	伙食费	其他
月	日	月	日					
06	01	06	04	北京--上海		1040.00	2280.00	
					现金付讫			
合计				零拾 零万 叁仟 叁佰 贰拾 零元 零角 零分 ¥3320.00				

总经理:庄振忠　财务经理:张士达　部门经理:魏晓维　会计:苏伟轮　出纳:罗燕红　报销人:孙忠全

图 3-19　出纳审核差旅费报销单

3. 编制记账凭证

出纳员罗燕红依据差旅费报销单,填制库存现金记账凭证(见图 3-20),交给会计员苏伟轮审核。

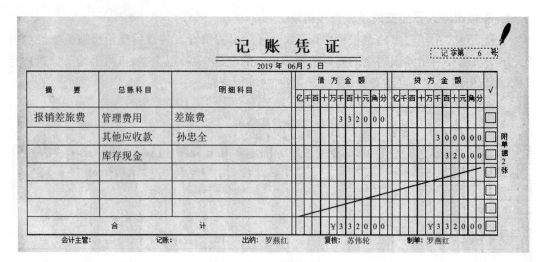

图 3-20 记账凭证

4. 登记现金日记账

出纳员罗燕红根据审核无误的记账凭证登记库存现金日记账（略）。同时，在凭证中的"记账"栏画上记账符号"√"，并在凭证下方加盖记账人签章。

任务四　现金结算业务会计核算

一、库存现金记账凭证的编制

库存现金记账凭证是用来记录库存现金增加和现金减少业务的凭证，是由出纳人员根据审核无误的原始凭证收款后或者付款后编制的凭证。库存现金记账凭证可以使用现金收款凭证、现金付款凭证，或者使用通用记账凭证。本书以通用记账凭证为例，空白的记账凭证如图 3-21 所示。

库存现金记账凭证的编制要求如下：

（1）库存现金记账凭证根据审核无误的原始凭证编制。

（2）填写日期。根据实际编制的现金收款凭证或付款凭证的日期填写。

（3）填写凭证编号。每月按照收、付款业务发生的先后顺序依次编号。

（4）填写摘要。根据业务发生情况，总结摘要。摘要既要简练，又要明确反映业务内容。

（5）填写借、贷方总账科目及明细科目。

（6）填写借、贷方金额以及合计金额。借、贷方金额根据发生金额填写，并将各行金额进行合计，合计金额应书写"￥"符号。如果借、贷方金额行与合计金额间留有空白行，应在金额列中将多余的行画线注销。

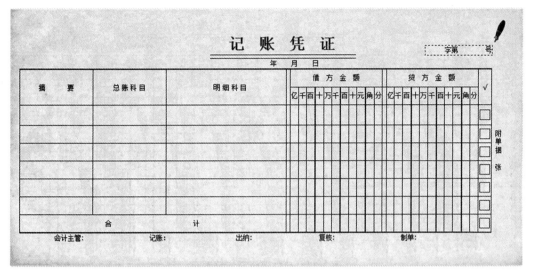

图 3-21 空白的记账凭证

(7)填写附件张数。根据后附的原始凭证张数填写。

(8)填写记账符号。出纳人员登记完库存现金日记账后打"√",以防止漏记、重记。

(9)相关人员签字。一般按照"制单—审核—出纳—记账—会计主管"的顺序传递凭证,相关人员签字或盖章,以明确责权。如果企业的库存现金记账凭证是由出纳人员编制的,那么出纳人员应最先在制单与出纳处签字。

二、库存现金日记账的建立、登记、结账及更正

库存现金日记账是用来核算和监督库存现金每天的收入、支出以及结存情况的序时账簿。它是由单位出纳人员根据审核无误的现金收、付款凭证和从银行提现的银行付款凭证逐笔进行登记而成的。每日业务终了时,应计算并登记当日现金收入合计数、现金支出合计数以及账面结余额,并核对库存现金日记账的账面余额与库存现金实用数,借以检查每日现金收入、付出和结存情况。为了确保账簿的安全、完整,手工现金日记账必须采用订本式账簿,其账页格式一般采用"收入"(借方)、"支出"(贷方)和"余额"三栏式(见图 3-22)。

(一)现金日记账的建立

现金日记账是各单位重要的经济档案之一,为保证账簿使用的合法性,明确经济责任,防止舞弊行为,保证账簿资料的完整和便于查找,各单位在启用时,首先要按规定内容逐项填写"账簿启用表"和"账簿目录表"。在"账簿启用表"中,应写明单位名称、账簿名称、账簿编号和启用日期;在经管人员一栏中写明经管人员姓名、职别、接管或移交日期;由会计主管人员签名盖章,并加盖单位公章。如在一本日记账中设置两个以上现金账户的,应在第二页"账簿目录表"中注明账户的名称和页码,以方便登记和查核。库存现金日记账"账簿启用表"格式如图 3-23 所示。

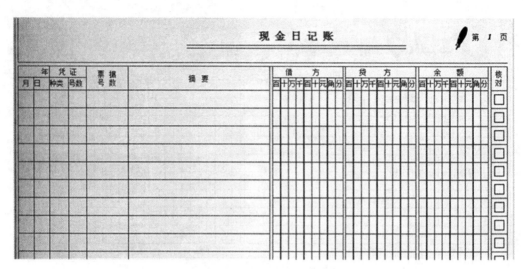

现金日记账　　　　第 1 页

年		凭证		票据号数	摘要	借方	贷方	余额	核对
月	日	种类	号数			百十万千百十元角分	百十万千百十元角分	百十万千百十元角分	

图 3-22　空白现金日记账账页

账簿启用及交接表

机构名称		印鉴
账簿名称	（第　　册）	
账簿编号		
账簿页数	本账簿共计50　页（本账簿页数 检点人盖章）	
启用日期	公元　　年　　月　　日	

经管人员	负责人		主办会计		复核		记账	
	姓名	盖章	姓名	盖章	姓名	盖章	姓名	盖章

接交记录	经管人员		接管				交出			
	职别	姓名	年	月	日	盖章	年	月	日	盖章

备注	

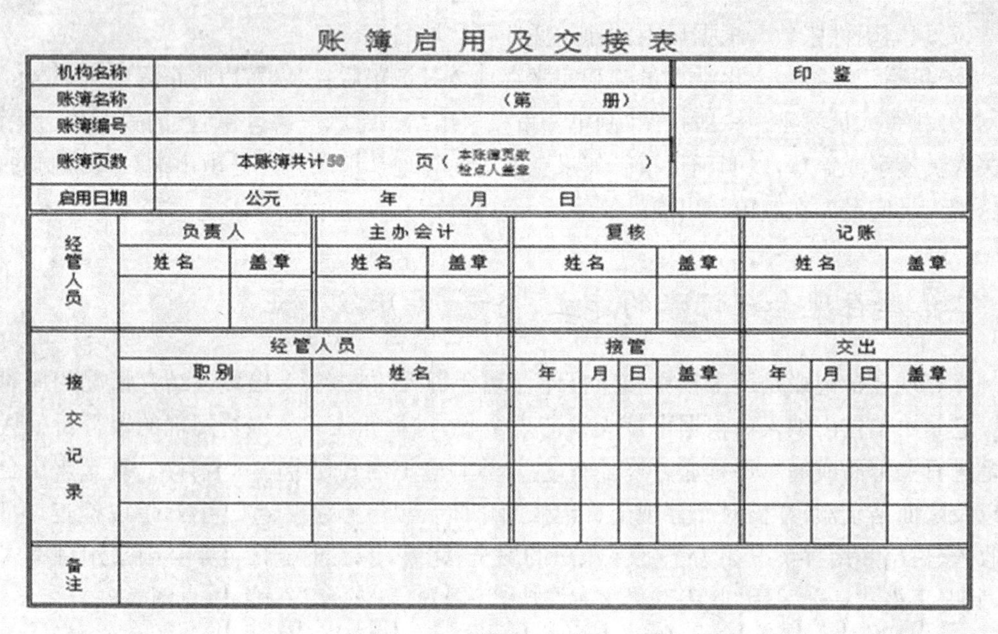

图 3-23　账簿启用表

（二）现金日记账的登记

1. 现金日记账登记的要求

（1）根据复核无误的收、付款记账凭证记账。出纳人员在办理收、付款时，应当对记账凭证进行仔细的复核，并以经过复核无误的收、付款记账凭证和其所附的原始凭证作为登记现金日记账的依据。

（2）记载的内容必须与会计凭证一致，不得随便增减。每一笔账都要记明记账凭证的日期、编号、摘要、金额和对应科目等。现金日记账应逐笔分行记录，不得将收、付款记账凭证合并登记,也不得以收款、付款相抵后的差额登记。登记完毕,应当逐项复核,复核无误后在记账凭证上的"账页"一栏内画"过账"符号"√",表示已经登记入账。

(3) 逐笔、序时登记现金日记账,做到日清月结。为了及时掌握现金收、付和结余情况,现金日记账必须当日账务当日记录,并于当日结出余额。

(4) 必须连续登记,不得跳行、隔页,不得随便更换账页和撕去账页。现金日记账采用订本式账簿,其账页不得以任何理由撕毁,作废的账页也应留在账簿中。如不慎发生跳行、隔页时,应在空行或空页中间画线加以注销,或者注明"此行空白"或"此页空白"字样,并由记账人员盖章,以示负责。

(5) 文字和数字必须整洁清晰,准确无误。在账簿上书写时,不要简化书写,不得使用同音异义字,不得自创字体;摘要文字书写时紧靠左线;金额数字要写在金额栏内,不可越格错位、参差不齐,严格按照项目二任务一中的书写规范书写数字。

(6) 使用钢笔和签字笔(蓝色笔或黑色笔)书写,不得使用圆珠笔或铅笔书写。冲销错误记录和会计制度中规定用红字登记的业务,可以用红色墨水记账。

(7) 账页记完后,必须按规定转页。为便于计算现金日记账中连续记录的累计数额,并使前后账页的合计数据相互衔接,在账页登记完毕结转下页时,应结出此页发生额合计数及余额,写在本页最后一行和下页第一行的有关栏内,并在摘要栏注明"转下页"和"承前页"字样。

(8) 现金日记账必须逐日结出余额,每月月末必须按规定结账。现金日记账原则上不得出现贷方余额(或红字余额)。

2. 现金日记账登记的方法

登记库存现金日记账时,除了遵循账簿登记的基本要求外,还应注意以下栏目的填写方法:

(1) 日期栏。登记记账凭证的日期,现金日记账一般依据记账凭证登记,因此应与现金实际收付日期一致。

(2) 凭证编号栏。登记入账的收、付款凭证的种类和编号。在企业采用专用凭证格式,根据现金收款凭证登记现金日记账时,填入"收×号";在企业采用通用凭证格式,根据记账凭证登记现金日记账时,填入"记×号"。

(3) 摘要栏。在本栏中简要说明登记入账的经济业务内容,力求简明扼要。

(4) 对方科目栏。登记现金收入的来源科目或支出的用途科目。在填写对应科目时,应注意以下几点:

① 对应科目只填总账科目,不需填写明细科目。

② 当对应科目有多个时,应填入主要对应科目,如销售产品收到现金,则"库存现金"的对应科目有"主营业务收入"和"应交税费",此时可在对应科目栏中填入"主营业务收入",在借方金额栏中填入取得的现金总额。

③ 当对应科目有多个且不能从科目上划分出主次时,可在对应科目栏中填入其中金额较大的科目,并在其后加上"等"字。

(5) 借方、贷方金额栏:登记现金实际收付的金额。

(6) 余额栏:应根据"本行余额=上行余额+本行借方"或"本行余额=上行余额-本行

贷方"公式计算填入。

（三）现金日记账的结账

库存现金日记账的结账方式：

1. 结出余额

每日记完最后一笔数据，结出当日余额，同时与库存现金核对相符。

2. 结出本期发生额

结出本期发生额分为日结和月结两种。

1) 日结

库存现金日记账须按日结出当日发生额，并在该栏下画一道通栏红线，加计本日收入发生额和本日支出发生额，在"摘要"栏内注明"本日合计"，再在下面画一道通栏红线，"本日合计"的余额栏可以不填余额。

2) 月结

库存现金日记账须按月结出本月发生额，每月最后一笔数据登记完并加计"本日合计"后，在下面一行结出本月发生额。方法是把每日的收入发生额和支出发生额累加起来，在"摘要"栏内注明"本月合计"字样，再在下面画一道通栏红线即可。

3. 年末结转

年度终了，在库存现金日记账的最后一笔数据结出"本日合计"金额和余额、"本月合计"金额和余额后，同时在下面画两道通栏红线，表示本年已全部记完现金收支业务，并在下一行"摘要"栏内注明"结转下年"，这样年末现金余额自动结转下一年的年初，不需要人为把余额调平。年末余额结转后库存现金日记账的账页有空行的不必画销。年初要换新账本时，将上年的期末余额作为下年的期初额，在"摘要"栏内注明"上年结转"即可。

> 【小贴士】
> 为了及时掌握现金收款、付款和结余情况，库存现金日记账必须当日账务当日记录，并于当日结出余额。实际工作中，很多企业都没有合计本日的发生额，具体请根据企业的规定进行登记填写。各企业对本日合计的画线方式也有所不同，有的是在本日合计栏上、下各画一条通栏的单红线，具体请根据企业以往的登记方式进行登记填写。

（四）现金日记账的更正

库存现金日记账在记录过程中发生错误时，必须按规定方法更正。为了提供在法律上有证明效力的核算资料，保证库存现金日记账的合法性，账簿记录不得随意涂改，严禁刮、擦、挖、补，或使用化学药物清除字迹。如发现差错，常用的错账更正方法有画线更正法、红字更正法和补充登记法。

1. 画线更正法

在登账后、结账前，发现日记账登记有误，但记账凭证编制无误，即纯属账簿记录中的文字或数字笔误，可以使用画线更正法。

更正方法：将错误的文字或数字画一条红线予以注销，然后将正确的文字或数字用蓝字或黑字写在被注销的文字或数字上方,并由记账人员在更正处签章,以明确责任。

2. 红字更正法

红字更正法又称红字冲销法,一般适用于以下两种情况:

(1)记账后,发现记账凭证所记的科目或金额有错误,从而导致账簿记录发生错误。

更正方法:先用红字填制一张与原错误的记账凭证完全相同的记账凭证,并登记入账,以便冲销原错误的账簿记录;同时再用蓝字或黑字填制一张正确的记账凭证,在"摘要"栏注明"更正×××号凭证"字样,然后登记入账。

(2)记账后,发现记账凭证中应借、应贷的会计科目没有错误,只是记账凭证和账簿记录中的所记金额大于应记金额。

更正方法:将多记的金额用红字填制一张与原错误记账凭证内容完全相同的记账凭证,并登记入账,以冲销多记的金额。

3. 补充登记法

记账后,发现记账凭证中应借、应贷的会计科目无误,只是记账凭证和账簿记录中的所记金额小于应记金额。

更正方法:将少记的金额用蓝字或黑字填制一张与原错误记账凭证内容完全相同的记账凭证,并登记入账。

三、库存现金的清查

库存现金清查是指通过实地盘点库存现金,查明其实有数,将实有数与账面数进行核对,确定账面余额和实际金额是否一致,是否存在短缺或溢余的专项工作。清查的库存现金包括人民币和各种外币。

库存现金的清查是对出纳工作的一种监督管理,是保证账实相符、保障库存现金资产安全的基本措施。

(一)库存现金清查的种类

库存现金的清查包括两种情况:一是由出纳人员每日清点库存现金实有数,并与现金日记账结余额相核对;二是由清查小组对库存现金进行定期或不定期的清查。

(二)库存现金清查的范围

在出纳人员坚持日清月结制度,对库存现金进行检查、清查的基础上,为了加强对出纳工作的监督,及时发现可能发生的现金差错或丢失,防止贪污、盗窃、挪用公款等不法行为的发生,确保库存现金安全完整,各单位应建立库存现金清查制度,由有关领导和专业人员组成清查小组,定期或不定期地对库存现金情况进行清查盘点。清查的内容主要包括账款是否相符、白条抵库、私借公款、挪用现金、超限额留存现金、坐支现金等。在整个清查现金过程中出纳人员应始终在场,并给予积极配合,直至清查结束。

(三)库存现金的清查方法和程序

库存现金的清查通过实地盘点法,确定库存现金的实存数,再与现金日记账的账面结余额进行核对,以查明盈亏情况,盘点时,出纳人员必须在场,发现盘盈或盘亏,应填制"现金盘点报告表",并由盘点人员和出纳人员签章。

一般来说,现金清查多采用突击盘点方法,不预先通知出纳人员,以防预先做手脚,盘点时间最好在一天业务没有开始之前或一天业务结束后,这样可以避免干扰正常的工作。清查小组清查程序如下:

首先,在盘点前,出纳人员应先将现金收、付凭证全部登记入账,并结出余额。

其次,在盘点前,出纳人员必须在场,现金由出纳人员经手盘点,清查人员在旁监督。盘点时,除查明账实是否相符外,还要查明有无违反现金管理规定,有无以白条抵冲现金,现金库存是否超过核定的限额,有无坐支现金等。

最后,盘点结束,清查人应根据盘点结果填制"库存现金盘点报告表",填写账存金额、实存金额以及盘盈或盘亏金额,盘点人员和出纳人员签章后,上报有关部门或负责人进行处理。作为重要的原始凭证,它具有"盘存单"和"实存账存对比表"的作用。

(四) 库存现金清查结果的业务处理

【实例 3-7】2019 年 06 月 02 日,华盛实业股份有限公司实地盘点库存现金,盘点金额库存现金为 840.00 元,现金日记账的结存余额为 860.00 元,根据信息,填制库存现金盘点表并做出相关的业务处理。

(1) 填写库存现金盘点表(见图 3-24)。

库存现金盘点表

2019 年 06 月 02 日　　　编号 0602

账存金额	实存金额	盘盈	盘亏	备注
¥860.00	¥840.00		¥20.00	

监盘人(签章):苏伟轮　　盘点人(签章):罗燕红

图 3-24　库存现金盘点表(盘亏)

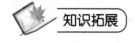

知识拓展

盘盈、盘亏

盘盈(长款)是指实际盘点数额大于账面数额。盘亏(短款)是指实际盘点数额小于账面数额。

无论是盘盈或盘亏,都需要根据实际数将账面数额调整为实际数额。

(2) 编制记账凭证(见图 3-25)。

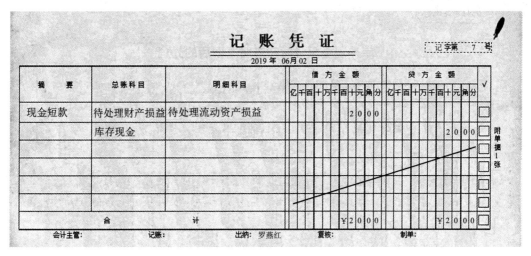

图 3-25 记账凭证(盘亏审批前)

(3) 审批后处理。

根据盘点差异的处理意见,追究出纳人员保管不善的责任,要求其承担 20 元赔偿责任。会计员苏伟轮当日收到出纳员罗燕红赔偿款 20 元,并开具现金收款收据(图略)。

(4) 编制记账凭证。

出纳员罗燕红根据收款收据的第三联等有关单证编制盘亏处理业务的记账凭证(见图 3-26),交给会计苏伟轮审核。

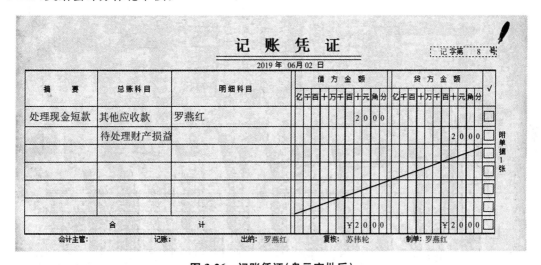

图 3-26 记账凭证(盘亏审批后)

库存现金盘亏时待查明原因后的处理

1. 应由责任人赔偿的部分，借记"其他应收款——×××"账户，贷记"待处理财产损益"账户。

2. 如属于无法查明的其他原因，应作为管理费用处理。借记"管理费用"账户，贷记"待处理财产损益"账户。

【实例3-8】2019年08月31日，华盛实业股份有限公司实地盘点库存现金，盘点金额库存现金为400.00元，现金日记账的结存余额为330.00元，根据信息，填制"库存现金盘点表"并做出相关的业务处理。

(1) 填写"库存现金盘点表"(见图3-27)。

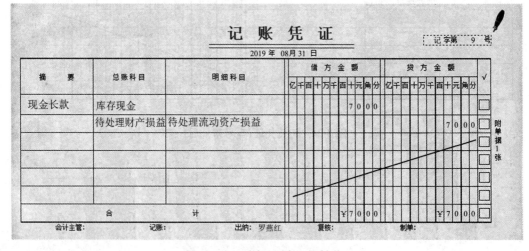

图3-27 库存现金盘点表(盘盈)

(2) 编制记账凭证(见图3-28)。

图3-28 记账凭证(盘盈审批前)

（3）审批后处理。

根据库存现金长款的处理意见，属于无法查明的原因，记入"营业外收入"。

（4）编制记账凭证。

出纳员罗燕红根据库存现金长款的处理意见书编制记账凭证（见图 3-29），交给会计员苏伟轮审核。

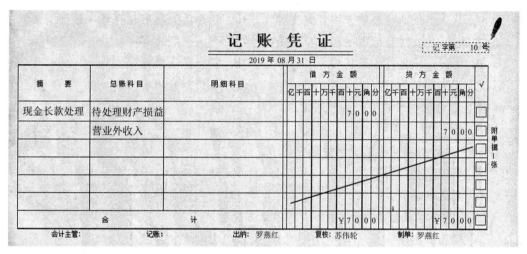

图 3-29　记账凭证（盘盈审批后）

库存现金盘盈待查明原因时的处理

1. 属于应支付给有关人员或单位的，应借记"待处理财产损益"账户，贷记"其他应付款——×××"账户。

2. 如属于无法查明原因的库存现金长款，经批准后，记入"营业外收入"账户。借记"待处理财产损益——待处理流动资产损益"账户，贷记"营业外收入"账户。

1. 库存现金是企业流动性最强的货币资金，企业应当依据中国人民银行制定的现金管理规定，加强现金管理，建立健全货币资金的内部控制，所以说库存现金是企业管理的重中之重。

2. 企业取得的现金收入，应填制现金缴款单，及时将现金交存银行。支取现金时，应按照要求开出现金支票，从开户银行基本存款户提取。使用现金时，应取得合法凭证，并履行报销审批手续。

3. 企业应当设置"库存现金"账户，核算库存现金收入、支出和结存情况。同时，应设置"库存现金日记账"，对现金收支业务进行序时登记。对库存现金进行定期或不定期盘点，保证账实相符。

 拓展训练

一、单项选择题

1. 下列收支现金业务中,不符合现金管理规定的是( )。
   A. 从本单位库存现金限额中支付　　B. 从开户银行提取现金支付
   C. 从本单位的现金收入中直接支付　　D. 现金收入当日送存开户银行

2. 在我国,负责现金管理的国家机关是( )。
   A. 中国人民银行各级机构　　B. 国有商业银行
   C. 国家政策性银行　　D. 各级财政机关

3. 现金日记账要求采用( )账簿。
   A. 活页式　　B. 订本式　　C. 卡片式　　D. 数量金额式

4. 开户单位不可以使用现金的是( )。
   A. 职工工资、津贴　　B. 结算起点以下的零星支出
   C. 货款结算　　D. 个人劳务报酬

5. "库存现金盘点报告单"应由( )签章方能生效。
   A. 经理和出纳人员　　B. 会计员和盘点人
   C. 会计员和出纳人员　　D. 盘点人、监盘人和出纳人员

6. 开户银行通常根据开户单位( )天日常零星开支所需要的现金,核定开户单位的库存现额。
   A. 1～3　　B. 3～5　　C. 5～7　　D. 7～9

7. 对库存现金清查采用的方法是( )。
   A. 实地盘点法　　B. 估算法　　C. 推算法　　D. 抽样盘点法

8. 现金溢余属于无法查明原因的,经批准后记入( )账户贷方。
   A. 账务费用　　B. 管理费用　　C. 营业外收入　　D. 营业外支出

9. 现金盘点中发现短缺,在查明原因前,应当( )。
   A. 借记"待处理财产损益"　　B. 贷记"待处理财产损益"
   C. 借记"库存现金"　　D. 借记"管理费用"

10. 单位的库存现金不准以个人名义存入银行,属于( )。
    A. 现金开支审批制度　　B. 现金清查制度
    C. 现金保管制度　　D. 钱账分管制度

二、多项选择题

1. 库存现金清查的内容主要包括( )。
   A. 是否挪用现金　　B. 是否有白条抵账
   C. 是否超限额存现金　　D. 是否坐支

2. 登记库存现金日记账发生错误时,根据差错采用( )更正。
   A. 差错涂改法　　B. 红字更正法
   C. 补充登记法　　D. 画线更正法

3. 采购员报销差旅费的账户( )。

A. 其他应收款   B. 营业外收入
C. 销售费用   D. 管理费用

4. 下列( )事项可用库存现金结算。
A. 王经理出差借支差旅费 5 000 元   B. 购买原材料 2 000 元
C. 向个人收购农产品 3 000 元   D. 购买办公用品 60 元

5. 下列关于企业进行库存现金盘点时的做法，正确的是( )。
A. 库存现金的清查方法采用实地盘点法
B. 在盘点库存现金时，出纳人员必须在场
C. 经领导批准，借条、借据可以抵充现金
D. "现金盘点报告表"需由盘点人和出纳人员共同签章方能生效

三、判断题

1. 出纳人员不得兼管收入费用、债权债务账目的登记工作。( )
2. 现金清查时出纳人员不得在场，应该回避。( )
3. 我国的库存现金指的人民币。( )
4. 企事业单位在需要库存现金开支时，可以从本单位的库存现金中支付，也可以从本单位的库存现金收入中直接支付。( )
5. 对库存现金进行日清月结是出纳人员办理库存现金出纳工作的基本原则和要求，也是避免出现长短款的重要措施。( )
6. 库存现金清查可以采用倒挤法。( )
7. 每日终了，出纳人员应将其使用的空白支票、收据、印章、私人财物等放入保险柜内。( )
8. 企业对库存现金的盘点实施定期或者不定期地清查。( )

四、简答题

1. 依据《现金管理暂行条例》，开户单位办理现金收、付款业务应当遵循哪些基本原则？
2. 依据《现金管理暂行条例》，简述库存现金支付的范围。

五、案例题

1. 双凤体育用品有限公司在刚成立的时候，公司只刻制了三大主要印章（公章、发票章和财务专用章），没有刻制现金收讫章和现金付讫章，但有一笔报销业务需要处理。如果你是该公司的出纳员，你会如何处理？

2. 临近下班，公司出纳员小王在办公室登记当日的库存现金日记账，办公桌上放有等待清点的现金、经理用完后归还的单位公章以及已经开具准备明天提现的支票。恰巧在这个时候，总经理让小王立即到隔壁去取一下办公室的票据。小王考虑到总经理叫得比较急，想到马上就能回来，所以就随手把钱放入抽屉，公章和支票也未锁好就去取票了。

问题：(1) 小王的这种做法是否正确？
(2) 如果是你，你应该如何处理呢？

3. 公司出纳员小王由于刚参加工作，对于货币资金业务管理和核算的相关规定不甚了解，所以出现了一些不应有的错误。在 2019 年 9 月 8 日和 10 日两天的现金业务结束后的例行现金清查中，分别发现现金短缺 50 元和现金溢余 20 元的情况，对此他反复思考仍弄不

明白原因。考虑到两次账实不符的金额很小,同时为了维护自己的面子,他决定采取下列办法进行处理:现金短缺50元,自掏腰包补齐;现金溢余20元,暂时收起。

问题:(1) 小王对上述业务的处理是否正确?为什么?

(2) 你能给出正确的答案吗?

六、实训题

双凤体育用品有限公司2019年12月1日的库存现金余额是15 500元,当月发生以下业务,编制记账凭证并登记库存现金日记账(见图3-30)。

(1) 1日,出纳员王思签发现金支票,向银行提取现金1 000元。

(2) 2日,出售废品,收到现金80元。

(3) 2日,报销员工市内交通费60元。

(4) 3日,签发现金支票,向银行提取现金12 000元,以备发放奖金。

(5) 5日,发放职工奖金12 000元。

(6) 7日,支付公司购买办公用品费用320元。

(7) 9日,采购员张伟出差,预借差旅费3 000元。

(8) 12日,采购员张伟出差回来,报销差旅费2 500元,剩余款项退回财务部门。

(9) 15日,收到门市部交来的营业款15 000元并存入银行。

(10) 24日,收到职工刘清交来的罚款,现金100元。

(11) 30日,朱莉获杰出员工奖,发放奖金2 000元,以现金支付。

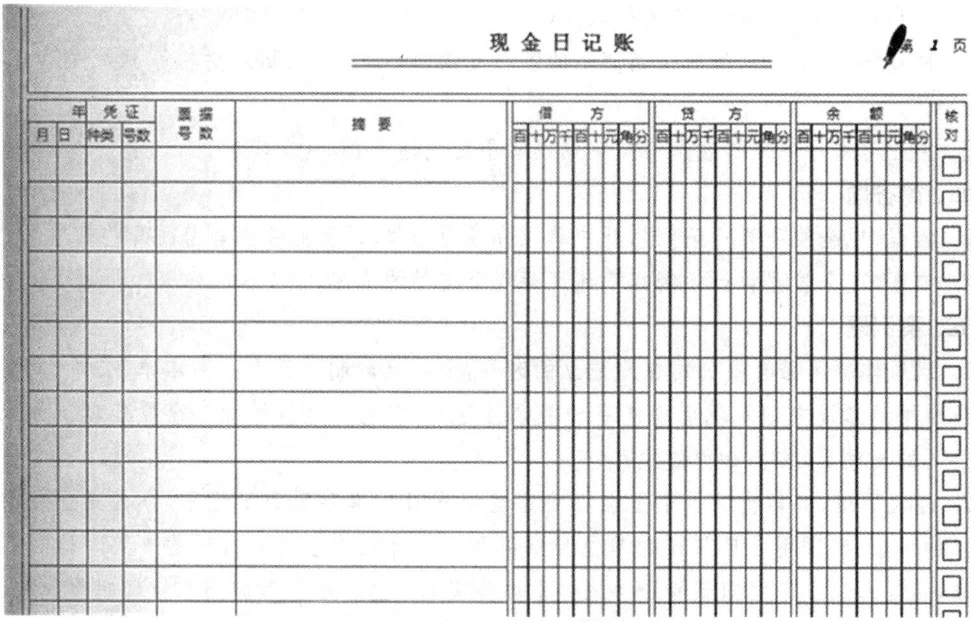

图3-30 空白现金日记账

项目四　银行结算业务

熟知银行账户的基础知识；
熟知票据的基础知识；
熟悉各种银行结算方式的特点、业务流程及应用；
掌握银行存款日记账登记和核对的方法；
掌握银行存款清查的方法。

能够正确为企业开立、变更和撤销结算账户；
熟练办理各种结算业务，并能结合企业实际情况选择最有利的结算方式；
熟练完成与银行存款相关的业务的核算工作。

案例导读

李某是华盛实业股份有限公司新招聘的银行出纳员，已经取得会计从业资格证，但以前没有从事过出纳工作。他认为已经掌握了会计的基本理论，肯定可以胜任出纳工作。

在从事银行出纳工作的第一个月，李某被出纳岗位涉及的各种票证弄糊涂了：见到票据，不知道其是代表收款还是付款；混淆各种单证的填制要求，导致经常填错单据，被银行退票，耽误了公司款项的正常收付，遭到了领导的批评。通过总结这一段时间的工作，李某认为银行出纳不是人人都能胜任的，需要一定的专业知识。通过参加培训和工作中的自我总结，李某逐渐熟练地掌握了各种票证的填制要求。又经过一个月的工作，李某认为只要认真、细心地完成收付单据的填制，就能够成为一名出色的银行出纳员。

在从事银行出纳工作的第三个月，李某可以准确无误地填制各种票证，完成银行存款的收付工作。但是他并没有深入总结各种结算方式的特点及适用范围，认为每种结算方式都一样，付款时只要对方能够收到款项就可以了。有一次，李某接到领导通知，要求当天将一笔款项由中行划入农行，用来偿还当天到期的一笔农行借款。由于他不了解各种结算方式之间的差异，采用了支票结算方式划款，结果款项在当天没有及时到账，耽误了公司还款，公司交纳了借款逾期的罚息。事后，李某知道了采用电汇结算方式划款速度最快，为了防止类似的事情再次发生，李某于是采用电汇方式支付所有款项。到了月底，领导发现公司财务费用增长很快，经查询发现，这是由于金融手续费增长过快造成的，于是又对李某提出了批评。

李某通过这个月的工作发现,银行出纳工作不只限于银行存款的收付和核算,还处处渗透着财务管理职能,要想出色地完成工作,需要不断地钻研与总结。

任务一 银行结算账户概述

一、银行结算账户的概念及分类

银行结算账户是指存款人在银行开立的办理资金收付结算的活期存款账户,中国人民银行是银行结算账户的监督管理部门。

银行结算账户按存款人不同分为单位银行结算账户和个人银行结算账户。存款人以单位名称开立的银行结算账户为单位银行结算账户,以个人名义开立的银行结算账户为个人银行结算账户。

单位银行结算账户按照其用途的不同可以划分为基本存款账户、一般存款账户、专用存款账户和临时存款账户(见表4-1)。

(一)基本存款账户

基本存款账户是指存款人为办理日常转账结算和现金收付而开立的银行结算账户,是存款人的主要存款账户。

存款人日常经营活动的资金收付以及存款人的工资、奖金和现金的支取只能通过基本存款账户办理。

开立基本存款账户是开立其他银行结算账户的前提。存款人只能在银行开立一个基本存款账户。

(二)一般存款账户

一般存款账户是指存款人因借款或其他结算需要,在基本存款账户开户银行以外的银行开立的银行结算账户。

一般存款账户主要用于办理存款人借款转存、借款归还和其他结算的资金收付。一般存款账户可以办理现金缴存,但不得办理现金支取。

开立一般存款账户应按照规定的程序办理,并提交有关证明文件。

(三)专用存款账户

专用存款账户是存款人按照法律、行政法规和规章,为对其特定用途资金进行专项管理和使用而开立的银行结算账户。

开立专用存款账户的目的是保证特定用途的资金专款专用,并有利于监督管理。修订后的《账户管理办法》强调,只有法律、行政法规和规章规定要专户存储和使用的资金,才能纳入专用存款账户管理。因此,该办法缩小了纳入专用存款账户管理的资金范围。

根据《账户管理办法》的有关规定,存款人申请开立专用存款账户时,应填制开户申请书,提供规定的证明文件、基本存款账户开户许可证和专项资金证明。

(四)临时存款账户

临时存款账户是存款人因临时需要并在规定期限内使用而开立的银行结算账户。

临时存款账户用于办理临时机构以及存款人临时经营活动发生的资金收付。因异地临时经营活动需要,可以申请开立异地临时存款账户,用于资金的收付。

临时存款账户的有效期最长不得超过2年。临时存款账户支取现金应按照国家现金管理的规定办理。

表 4-1 银行结算账户种类及作用

账户种类	作　用
基本存款账户	1. 基本存款账户是指存款人为办理日常转账结算和现金收付而开立的银行结算账户【现金收√付√】 2. 一个单位只能开立一个基本存款账户 3. 存款人日常经营活动的资金收付,以及工资、奖金和现金的支取,应通过基本存款账户办理
一般存款账户	1. 一般存款账户用于办理存款人借款转存、借款归还和其他结算的资金收付 2. 一般存款账户可以办理现金缴存,但不得办理现金支取【现金收√付×】 3. 根据规定,只要存款人具有借款或其他结算需要,都可以申请开立一般存款账户,且没有数量限制
专用存款账户	1. 单位银行账户的资金(备用金)必须由其基本存款账户转账存入,该账户不得办理现金收付业务【现金收×付×】 2. 证券交易结算资金、期货交易保证金和信托基金专用存款账户不得支取现金【现金收√支×】 3. 收入汇缴账户除向其基本存款账户或预算外资金财政专用存款户划缴款项外,只收不付,不得支取现金【现金收√付×】 4. 业务支出账户除从其基本存款账户拨入款项外,只付不收,其现金支出必须按照国家现金管理的规定办理【现金收×付√】
临时存款账户	1. 临时存款账户用于办理临时机构以及存款人临时经营活动发生的资金收付【现金收√付√】 2. 临时存款账户有效期限最长不得超过2年 3. 注册验资的临时存款账户在验资期间只收不付。【现金收√付×】

二、银行结算账户管理基本原则

(一) 一个基本账户原则

存款人只能选择一家银行的一个营业机构开立一个基本账户,主要用于办理日常的转账结算和现金收付业务。存款人在银行开立基本存款账户,必须凭中国人民银行当地分支机构核发的开户许可证办理。

同时,存款人账户内必须有足够的资金,以保证支付。收、付款双方在经济交往过程中,只有坚持诚信,才能保证各方经济活动的顺利进行。

(二) 自愿选择原则

存款人可以自主选择开户银行,银行也可以自愿选择存款人。双方一经相互认可后,存款人应遵循银行结算的规定,而银行应保证存款人对资金的所有权和自主支配权不受侵犯。

(三) 存款保密原则

银行必须依法为存款人的账户信息保密,除国家法律、行政法规等规定的查询外,银行有权拒绝任何单位和个人查询。

(四) 不垫款原则

银行在办理结算时只负责办理结算双方单位的资金转移,不得为任何单位垫付资金。

> 【小贴士】
> 银行结算账户的使用和管理要有内控牵制,原则上需要两人以上共同管理。

三、单位银行结算账户的开立、变更和撤销

(一) 单位银行结算账户的开立

存款人开立银行结算账户,需要核准的,应及时报送中国人民银行当地分、支行核准;不需核准的,应在法定期限内向中国人民银行当地分、支行备案。

1. 开立单位银行结算账户需要的资料

开立单位银行结算账户需要的资料如表 4-2 所示。

表 4-2 开立单位银行结算账户需要的资料

种类	所 需 资 料
基本存款账户	1. 营业执照、税务登记证、组织机构代码证的正本原件和复印件 注：营业执照、税务登记证、组织机构代码证等实行多证合一后，多家机构使用同一证件——统一社会信用代码，因此提供新版营业执照的单位，无需再提供税务登记证和组织机构代码证（全书同） 2. 法定代表人身份证原件、复印件 3. "开立单位银行结算账户申请书" 4. 异地开立单位银行结算账户，提供注册地中国人民银行分、支行提供的未开立基本存款账户证明
一般存款账户	1. 基本存款账户开户许可证 2. 存款人因向银行借款需要，应出具借款合同 3. 存款人因其他结算需要，应出具有关证明
专用存款账户	1. 基本建设资金、更新改造资金、政策性房地产开发资金，出具主管部门批文 2. 财政预算外资金，出具财政部门同意开户的证明 3. 单位银行卡备用金，按照银行卡章程的规定出具证明和资料 4. 证券交易保证金，出具证券公司或证券管理部门的证明 5. 粮、棉、油收购资金，出具主管部门批文 6. 期货交易保证金，出具期货公司或期货管理部门的证明 7. 金融机构存放同业资金，出具双方签署的资金存放协议 8. 收入汇缴资金和业务支出资金，出具基本存款账户存款人的有关证明 9. 党、团、工会的组织机构经费，出具该单位或有关部门的批文或证明
临时存款账户	1. 临时机构，出具驻地主管部门同意设立临时机构的批文 2. 异地建筑施工安装单位，出具营业执照正本和基本存款账户开户许可证，以及施工单位建设主管部门核发的许可证或施工合同 3. 异地从事临时经营活动，出具营业执照正本、临时经营地工商行政管理部门的批文和基本存款账户开户许可证 4. 注册验资，出具企业名称预先核准通知书或有关部门的证明

2. 开户申请书

以中国银行为例，"开立单位银行结算账户申请书"如图 4-1 所示。

开立单位银行结算账户申请书

存款人名称				电话	
注册地址				邮编	
通讯地址				邮编	
存款人类别			行业分类		
□法定代表人 □单位负责人	姓名		证件种类		
	证件号码		证件到期日		
	联系电话				
注册币种及金额			地区代码		
经营范围					
证明文件种类			证明文件编号		
证明文件到期日			关联企业	关联企业信息填列在"关联企业登记表"上	
账户性质	□基本 □一般 □专用 □临时				
资金性质			临时账户有效日期至		年 月 日
专用户取现	□是 □否		银行批准库存限额（银行填写）		

以下为存款人上级法人或主管单位信息：

上级法人或主管单位名称					
基本存款账户编号（或许可证核准号）			统一社会信用代码		
□法定代表人 □单位负责人	姓名		证件种类		
	证件号码		证件到期日		

以下为银企对账存款人预留信息：

对账负责人	姓名：		电话：		手机：	
对账方式	□网上银行（操作员姓名及初始ID标识： ） □纸质					
对账约定	□自动附属（勾选此项，则该账户和自该账户生效后开立的其他账户，自动归集于同一账单） □短信提示（无特别说明，默认发送对账负责人手机）					
账单地址	□注册地址 □通讯地址 □其它地址					

以下栏目由开户银行审核后填写：

开户银行名称		开户银行代码	
账户名称		账号	
基本存款账户编号（或许可证核准号）		开户日期	
本存款人申请开立单位银行结算账户，并承诺所提供的开户资料真实、有效。	开户银行审核意见： 经办人（签章） 复核人（签章）		人民银行审核意见： （非核准类账户除外） 经办人（签章）
存款人（公章） 年 月 日	银行（签章） 年 月 日		人民银行（签章） 年 月 日

填写说明：
1. 申请开立临时存款账户，必须填列有效日期；申请开立专用存款账户，必须填列资金性质。
2. 本表中"证件种类""行业分类""存款人类别"详见第三联背面"栏位说明"。
3. 本表所称"关联企业"是指与企业有以下关系之一的公司、企业和其他经济组织：（1）在资金、经营、购销等方面，存在直接或者间接的拥有或者控制关系；（2）直接或者间接地同为第三者所拥有或者控制；（3）其他在利益上具有相关联的关系。
4. 带复选框的选项填"√"。
5. 本申请书一式三联，一联中国人民银行当地分支行留存，一联开户银行留存，一联开户单位留存。

图4-1 中国银行"开立单位银行结算账户申请书"

栏位说明

1. 行业分类：

A：农、林、牧、渔业

B：采矿业

C：制造业

D：电力、燃气及水的生产供应业

E：建筑业

F：交通运输、仓储和邮政业

G：信息传输、计算机服务及软件业

H：批发和零售业

I：住宿和餐饮业

J：金融业

K：房地产业

L：租赁和商务服务业

M：科学研究、技术服务和地质勘查业

N：水利、环境和公共设施管理

O：居民服务和其他服务业

P：教育业

Q：卫生、社会保障和社会福利业

R：文化、教育和娱乐业

S：公共管理和社会组织

T：其他行业

2. 证件种类：

A：居民身份证

B：护照

C：户口簿

D：军人身份证件

E：武装警察身份证件

F：港澳居民往来内地通行证

G：台湾居民来往大陆通行证

H：港澳台居民居住证

I：外交人员身份证

J：外国人居留许可证

K：边民出入境通知证

L：其他有效旅行证件

3. 存款人类别：

A：企业法人

B：非企业法人

C：机关

D：实行预算管理的事业单位

E：非预算管理的事业单位

F：(团级)含以上军队及分散执勤的支(分)队

G：(团级)含以上武警部队及分散执勤的支(分)队

H：社会团体

I：宗教组织

J：民办非企业组织

K：外地常设机构

L：外国驻华机构

M：有字号的个体工商户

N：无字号的个体工商户

O：居民委员会、村民委员会、社区委员会

P：单位设立的独立核算的附属机构

Q：其他组织

R：境外机构

4. 存款人名称：填写注册证明文件上的规范全称，必填。

5. 注册地址/邮编：填写注册证明文件上的完整注册地址和邮编，必填。

6. 通讯地址/邮编：填写实际办公或通讯地址和邮编，必填。

7. 经营范围：填写注册证明文件上的经营范围，没有经营范围的填写"无"，必填。

8. 注册币种及金额：填写注册资本币种及金额，无注册资本的填写"0"，选填。

9. 证件信息：填写相应的证件名称、证件号码及到期日，无到期日的填写"无"，到期日为长期的填写"长期"，必填。

10. 法定代表人/单位负责人：填写法定代表人或单位负责人身份信息，信息须与身份证件信息一致，必填。

图 4-1 中国银行"开立单位银行结算账户申请书"(续)

3. 预留银行印鉴

预留银行印鉴是单位与银行约定付款的法律依据，一般为财务专用章和法定代表人章(或者法定代表人授权人的名章)，印鉴盖在卡片纸上，留存银行。

当单位需要通过银行办理相关转账、提现业务时，应填写相关的银行票据或结算凭证，并加盖预留银行印鉴。银行经过核对,确认与预留印鉴相符即可办理支付结算。

(二) 银行结算账户的变更

银行结算账户变更是指存款人的账户信息资料发生变化。

1. 银行结算账户变更的情形

存款人下列账户资料变更后,应向开户银行办理变更手续:
(1) 存款人的账户名称;
(2) 单位的法定代表人或主要负责人;
(3) 地址、邮编、电话;
(4) 注册资金等信息;
(5) 其他资料。

2. 银行结算账户变更事项及其需要准备的资料(见表 4-3)

表 4-3　银行结算账户变更事项及其需要准备的资料

变更事项	准备材料
1. 存款人名称 2. 法定代表人 3. 住址及其他变更	1. 营业执照、税务登记证、组织机构代码证的正本和复印件 2. 企业法人代表变更登记核准通知书 3. 法定代表人身份证原件、复印件 4. 被授权人身份证原件、复印件 5. 旧的开户许可证 6. 法定代表人的授权书 7. 涉及公章发生变化的,需带上新、旧公章,法定代表人章和财务专用章

3. 银行结算账户变更申请书

以中国银行为例,"变更单位银行结算账户申请书"如图 4-2 所示。

(三) 银行结算账户的撤销

1. 银行结算账户撤销的情形

有下列情形之一的,存款人应向开户银行提出撤销银行结算账户申请:
(1) 被撤并、解散、宣告破产或关闭的;
(2) 注销、被吊销营业执照的;
(3) 因迁址需要变更开户银行的;
(4) 其他原因需要撤销银行结算账户的。

存款人有(1)(2)条情形的,应于 5 个工作日内向开户银行提出撤销银行结算账户申请。

变更单位银行结算账户申请书

账户名称					
开户银行代码				账号	
账户性质	□基本	□一般	□专用	□临时	
基本存款账户编号(或许可证核准号)					

变更事项及变更后内容如下：

账户名称			
注册地址			
通讯地址			
注册地址邮编		通讯地址邮编	
注册币种及金额		办公电话	
经营范围			
证明文件种类		证明文件编号	
证明文件到期日			
税务登记证编号			
□法定代表人 □单位负责人	姓名	证件种类	
	证件号码	证件到期日	
	联系电话		
关联企业	变更后的关联企业信息填列在"关联企业登记表"上		

以下为**存款人上级法人或主管单位**信息：

上级法人或主管单位名称			
基本存款账户编号(或许可证核准号)			
□法定代表人 □单位负责人	姓名	证件种类	
	证件号码	证件到期日	

本存款人申请变更上述银行账户内容，并承诺所提供资料真实、有效。	开户银行审核意见：	人民银行审核意见：
	经办人（签章） 复核人（签章）	经办人（签章）
存款人（公章） 年 月 日	开户银行（签章） 年 月 日	人民银行（签章） 年 月 日

第一联 中国人民银行当地分支行留存

填写说明：
1. 存款人申请变更核准类银行结算账户的存款人名称、法定代表人或单位负责人的，中国人民银行当地分支行应对存款人的变更申请进行审核并签署意见。
2. 带"□"的选项填"√"。
3. "变更事项及变更后内容"栏中仅填写本次变更信息内容，未变更信息无需填写。
4. 本申请书一式三联，一联中国人民银行当地分支行留存，一联开户银行留存，一联开户单位留存。

图 4-2 中国银行的"变更单位银行结算账户申请书"

2. 办理银行结算账户撤销所需资料（见表4-4）

表4-4 办理银行结算账户撤销所需资料

撤销事项	所需材料
1. 撤并、解散、破产或关闭 2. 注销、被吊销营业执照 3. 变更开户银行 4. 其他原因	1. 开户许可证 2. 销户申请书 3. 剩余的支票 注：未按规定交回各种空白票据及结算凭证的，应出具有关证明，造成损失的，自行负责 4. 印鉴卡 5. 法定代表人身份证原件及两份复印件 6. 市场监督管理局出具的"企业注销通知书"

3. 银行结算账户撤销申请书

以中国银行为例，"撤销单位银行结算账户申请书"如图4-3所示。

中国银行 BANK OF CHINA 撤销单位银行结算账户申请书 编号：

账户名称	
开户银行名称	
开户银行代码	账号
账户性质	基本（ ） 一般（ ） 专用（ ） 临时（ ） 个人（ ）
开户许可证核准号	
销户原因	
有（否）未用重要空白凭证	（ ）无 （ ）有，相关凭证号码详见另附清单。 （ ）有，相关凭证号码详见另附清单，但凭证实物已遗失（销毁），由此引起的一切经济纠纷及责任由我公司承担。 （ ）有，但凭证实物已遗失（销毁），且无法提供相关凭证号码，由此引起的一切经济纠纷及责任由我公司承担。
★账务核对	★账户余额： ★利息： ★账已对清，不存在未达账项。是（ ）否（ ） 单位经办人：
本息汇入行：	汇入账号：
兹授权本单位_____前往银行办理撤销上述银行账户销户手续，其个人身份证件种类为_____ 证件号码为_____ 证件到期日为_____ 联系电话为_____。	本存款人申请撤销上述银行账户，承诺所提供的证明文件真实、有效。
法定代表人/单位负责人（签章）： （如以法定代表人、单位负责人亲往银行办理销户手续，则无需填写此栏。）	存款人（公章）： 年 月 日
开户银行审核意见： 负责人（签章）： 复核人（签章）： 经办人（签章）： 开户银行（签章）： 年 月 日	人民银行审核意见： 经办（签章）： 人民银行（公章）： 年 月 日

第一联 开户银行留存

填表说明：
1、带括号的选项填"√"。
2、带"★"号的可在与开户银行核对账务后填写，并由存款人签字确认。
3、本申请书一式三联，第一联开户银行留存，第二联开户单位留存，第三联中国人民银行当地分支行留存。

图4-3 中国银行的"撤销单位银行结算账户申请书"

4. 银行结算账户的撤销步骤

撤销银行结算账户应按要求办理撤销手续,其具体步骤如下:

(1) 与开户银行核对结算账户存款余额,核对无误后方可办理撤销手续。
(2) 携带公章、财务印鉴(财务专用章、法人章)。
(3) 出示法人代表授权办理撤销账户事宜的授权书。
(4) 填写撤销银行结算账户申请书。
(5) 出示授权人及被授权人身份证。
(6) 将账户剩余款项划转至其他在用的单位银行结算账户。
(7) 将多余的重要空白票据、结算凭证和开户登记证交回银行。

 知识拓展

《人民币银行结算账户管理办法》的有关规定

1. 第九条

(1) 存款人应以实名开立银行结算账户,并对其出具的开户申请资料实质内容的真实性负责,法律、行政法规另有规定的除外。

(2) 银行应负责对存款人开户申请资料的真实性、完整性和合规性进行审查。中国人民银行应负责对银行报送的核准类银行结算账户的开户资料的合规性以及存款人开立基本存款账户的唯一性进行审核。

2. 第六十四条

存款人开立、撤销银行结算账户,不得有下列行为:

(1) 违反本办法规定开立银行结算账户。
(2) 伪造、变造证明文件欺骗银行开立银行结算账户。
(3) 违反本办法规定不及时撤销银行结算账户。

非经营性的存款人,有上述所列行为之一的,给予警告并处以 1 000 元的罚款;经营性的存款人有上述所列行为之一的,给予警告并处以 1 万元以上 3 万元以下的罚款;构成犯罪的,移交司法机关依法追究刑事责任。

3. 第六十五条

存款人使用银行结算账户,不得有下列行为:

(1) 违反本办法规定将单位款项转入个人银行结算账户。
(2) 违反本办法规定支取现金。
(3) 利用开立银行结算账户逃废银行债务。
(4) 出租、出借银行结算账户。
(5) 从基本存款账户之外的银行结算账户转账存入、将销货收入存入或现金存入单位信用卡账户。
(6) 法定代表人或主要负责人、存款人地址以及其他开户资料的变更事项未在规定期限内通知银行。

非经营性的存款人有上述所列前五项行为的,给予警告并处以 1 000 元的罚款;经营性的存款人有上述所列前五项行为的,给予警告并处以 5 000 元以上 3 万元以下的罚款;存款

人有上述所列第六项行为的,给予警告并处以1 000元的罚款。

4. 第六十六条

银行在银行结算账户的开立中,不得有下列行为:

(1) 违反本办法规定为存款人多头开立银行结算账户。

(2) 明知或应知是单位资金,却允许以自然人名称开立账户存储。

银行有上述所列行为之一的,给予警告并处以5万元以上30万元以下的罚款;对该银行直接负责的高级管理人员、其他直接负责的主管人员、直接责任人员按规定给予纪律处分;情节严重的,中国人民银行有权停止对其开立基本存款账户的核准,责令该银行停业整顿或者吊销经营金融业务许可证;构成犯罪的,移交司法机关依法追究刑事责任。

5. 第六十七条

银行在银行结算账户的使用中,不得有下列行为:

(1) 提供虚假开户申请资料欺骗中国人民银行许可开立基本存款账户、临时存款账户、预算单位专用存款账户。

(2) 开立或撤销单位银行结算账户,未按本办法的规定在其基本存款账户开户登记证上予以登记、签章或通知相关开户银行。

(3) 违反本办法第四十二条的规定办理个人银行结算账户转账结算。

(4) 为储蓄账户办理转账结算。

(5) 违反规定为存款人支付现金或办理现金存入。

(6) 超过期限或未向中国人民银行报送账户开立、变更、撤销等资料。

银行有上述所列行为之一的,给予警告并处以5 000元以上3万元以下的罚款;对该银行直接负责的高级管理人员、其他直接负责的主管人员、直接责任人员按规定给予纪律处分;情节严重的,中国人民银行有权停止对其开立基本存款账户的核准;构成犯罪的,移交司法机关依法追究刑事责任。

6. 第六十八条

违反本办法规定,伪造、变造、私自印制开户登记证的存款人,属非经营性的处以1 000元罚款;属经营性的处以1万元以上3万元以下的罚款;构成犯罪的,移交司法机关依法追究刑事责任。

任务二 支 票 结 算

一、支票的概念及分类

(一) 支票的概念

《票据法》对支票的定义为:支票是出票人签发的,委托办理支票存款业务的银行在见票时无条件支付确定的金额给收款人或者持票人的票据。

单位和个人在同一票据交换区域的各种款项结算均可以使用支票。

（二）支票的分类

支票按照其用途不同，可以分为以下三类。

1. 现金支票

现金支票是开户单位用于向开户银行提取现金的凭证，一般在提取备用金或者支付给个人款项时使用。空白现金支票的正面和背面分别如图 4-4、图 4-5 所示。

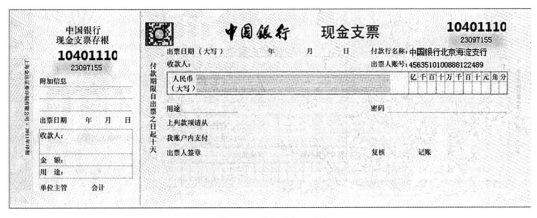

图 4-4　现金支票正面

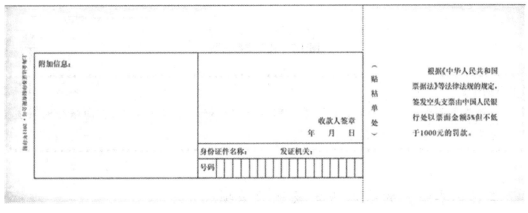

图 4-5　现金支票背面

2. 转账支票

转账支票是用于单位之间的商品交易、劳务供应或其他款项往来的结算凭证，只可以进行银行转账，不得提取现金。转账支票用于企业同城结算，款项通过银行划转。空白转账支票的正面和背面分别如图 4-6、图 4-7 所示。

3. 普通支票

普通支票的持票人既可以提取现金，也可以进行银行转账。

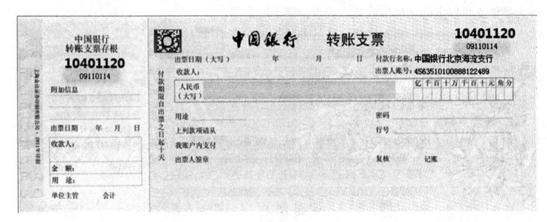

图 4-6　转账支票正面

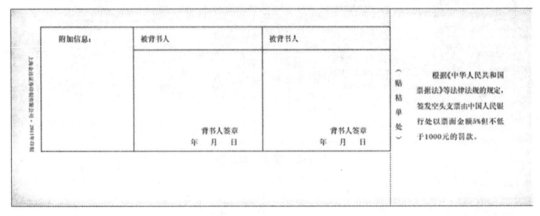

图 4-7　转账支票背面

【小贴士】
　　支票右上角的付款行名称及出票人账号是用刻好的银行小条章,在向银行购买支票时盖好,不需要出票人填写。

二、支票结算的基本规定及注意事项

（一）支票结算的基本规定

（1）支票结算方式是同城结算中应用比较广泛的一种结算方式。企业和个人在同一票据交换区域的各种款项结算均可以使用支票。自 2007 年 6 月 25 日起,支票实现了全国通用,异域之间也可以使用支票进行支付结算。

（2）支票一律记名。中国人民银行总行批准的地区转账支票可以背书转让,背书必须连续。

（3）支票金额起点为 100 元。支票的提示付款期限为自出票日起 10 日内,中国人民银行另有规定的除外。超过提示付款期限的,持票人开户银行不予受理,付款人不予付款。转账支票可以根据需要在票据交换区域内背书转让。

（4）企业财务部门在签发支票之前，出纳人员应该认真查明银行存款的账面结余数额，防止签发超过存款余额的空头支票。签发空头支票，银行除退票外，还按票面金额处以5％但不低于1 000元的罚款，持票人有权要求出票人支付支票金额2％的赔偿金。

（5）签发支票时，应使用蓝黑墨水或碳素墨水，将支票上的各要素填写齐全，并在支票上加盖其预留银行印鉴。出票人留银行的印鉴是银行审核支票付款的依据。银行也可以与出票人约定，使用支付密码作为银行审核支付支票金额的条件。

（二）支票签发应注意的事项

签发支票，应注意以下问题。

1. 要严格做到"九不准"

（1）不准更改签发日期。

（2）不准更改收款人名。

（3）不准更改大小写金额。按照《票据法》规定，支票的金额、日期、收款人名称如有更改，则成为无效票据。

（4）不准签发空头支票，即签发超过银行存款账户余额的支票。

（5）不准签发远期支票。

（6）不准签发空白支票，即签发事先盖好印章的支票。携带该种支票外出，遗失后将造成不应有的经济损失。

（7）不准签发有缺陷的支票。有缺陷的支票主要表现形式有：

① 印鉴不符，即支票上的印章与银行预留印鉴不符，或支票上的印章盖得不全。银行审查出印鉴不符时，除将支票作废并退回外，还要按票面金额处以5％但不低于1 000元的罚款。

② 戳记用印油而不用印泥的支票，或印章字迹间模糊不清的支票。

③ 污损支票，即票面破碎、污损，无法辨认或字迹不清的支票。

④ 账号户名不符或户名简写的支票。

⑤ 更改处未盖预留印鉴的支票。

⑥ 付款单位已清户的支票。

⑦ 未填写用途或所填用途不当的支票。

⑧ 没有按规定用碳素墨水或签字笔书写的支票。

⑨ 购买未经批准的专控商品的支票。

⑩ 非本行的支票。

（8）不准签发用途弄虚作假的支票。签发用途不真实的支票系套取银行信用行为，一经发现，银行按违反结算制度给予经济处罚。

（9）不准将盖好印鉴的支票存放于他人处，让其代为签发，以防形成空头支票或经济诈骗。

2. 要做到要素齐全、内容真实、数字准确、字迹清晰

（1）支票要按顺序编号连续签发，不得跳号；

（2）日期中的年份要写完整，不得简写，如 2019 年不得写成 19 年；

（3）收款人必须写全称，不得写简称，防止户名不符，形成退票；

（4）签发人开户银行名称用刻好的银行小条章（向银行购买支票时盖好）加盖清楚，不要手写（银行会计规范化管理要求）；

（5）签发人本单位账号也要写，最好用小条章；

（6）注意日期、收款人、大小写金额的准确填写，防止签成无效支票；

（7）其他更改的地方要加盖预留印鉴，使用印泥；

（8）由于现行支票上没有付款单位名称栏目，必须使用预留在银行的印鉴，所以印章一定要清楚；

（9）不得用蓝墨水填写。

总之，要遵照银行的规定，不可自以为是。

3. 要由专人签发

支票应由财务部门分派专人保管、签发，不要多人插手，以便分清责任。如今，支票打印机也陆续在财务部门中使用，对此要明确出纳人员专人使用管理。

三、支票领购

（一）支票领购的要求

企事业单位在向其开户银行领购支票时，应携带相关资料并填写空白凭证领用单，按要求在空白凭证领用单上加盖银行预留印鉴。银行审核相关资料与空白凭证领用单，确认无误后收取支票工本费和手续费，领购人在支票签收登记簿上签字后便可以领取支票。

每个账户一般一次只能领购一本支票，业务量大的可以适当放宽。银行在出售支票时应在每张支票上加盖本行行号和存款人账号，并记录支票号码。

（二）支票领购的流程

出纳人员购买凭证，要按以下流程进行：

（1）填写空白凭证领用单。空白凭证领用单通常为一式四联，以中国银行为例，其空白凭证领用单如图 4-8 所示。

（2）加盖银行预留印鉴，再提交给银行。

（3）银行审核无误后，收取手续费及工本费，并让出纳人员在银行的票据领用簿上签收，然后将空白凭证和收费单交给出纳人员。

【实例 4-1】 2019 年 01 月 15 日，华盛实业股份有限公司现金支票用完，出纳员罗燕红填写空白凭证领用单购买一本现金支票，并在经领人处签名，现金支票每本 25 元。

根据任务要求填制空白凭证领用单，如图 4-9 所示。

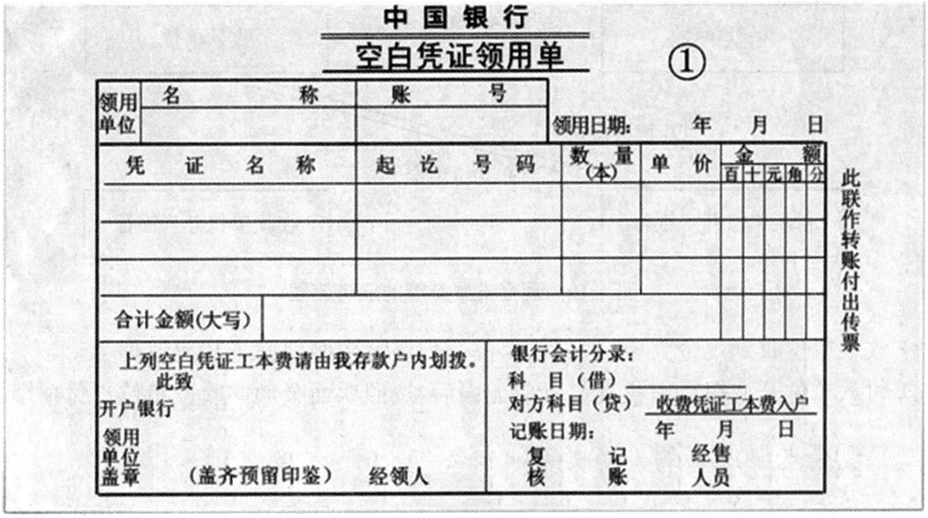

中国银行
空白凭证领用单 ①

领用单位	名称	账号

领用日期：　年　月　日

凭证名称	起讫号码	数量(本)	单价	金额 百	十	元	角	分
合计金额(大写)								

上列空白凭证工本费请由我存款户内划拨。
此致
开户银行
领用单位盖章　（盖齐预留印鉴）　经领人

银行会计分录：
科目（借）
对方科目（贷）收费凭证工本费入户
记账日期：　年　月　日
复核　记账　经售人员

此联作转账付出传票

图 4-8　空白凭证领用单

中国银行
空白凭证领用单 ①

领用单位	名称	账号
	华盛实业股份有限公司	456351010088122489

领用日期：2019 年 01 月 15 日

凭证名称	起讫号码	数量(本)	单价	金额 百	十	元	角	分
现金支票		1	25.00		2	5	0	0
合计金额(大写)	人民币贰拾伍元整			￥	2	5	0	0

上列空白凭证工本费请由我存款户内划拨。
此致
开户银行
领用单位盖章　（盖齐预留印鉴）　经领人罗慈红

银行会计分录：
科目（借）
对方科目（贷）收费凭证工本费入户
记账日期：　年　月　日
复核　记账　经售人员

此联作转账付出传票

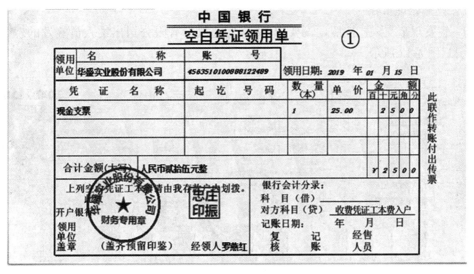

图 4-9　填制好的空白凭证领用单

四、现金支票

现金支票是专门用于支取现金的一种支票，由存款人签发，委托开户银行向收款人支付一定数额的现金。开户单位应按现金的开支范围签发现金支票，现金支票的金额起点为 100 元。现金支票只能用于支取现金，不得办理转账。企业在支取备用金、工资、奖金等时，需要使用现金支票。

（一）现金支票结算的业务流程

现金支票结算的业务流程如图 4-10 所示。

(1) 付款单位根据付款需要签发现金支票，向收款单位支付款项。

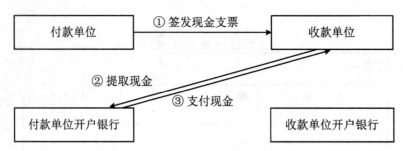

图 4-10 现金支票结算的业务流程

(2) 收款单位收到现金支票,去付款单位开户银行按照票面金额提取现金。

(3) 付款单位开户银行审核现金支票无误后,按照票面金额向收款单位支付现金。

(二)现金支票结算的业务处理

【实例 4-2】2019 年 05 月 12 日,华盛实业股份有限公司签发现金支票,提取现金 69 000 元发放工资。

具体业务处理步骤:

(1) 签发现金支票。按照题设要求,华盛实业股份有限公司出纳人员签发的现金支票如图 4-11、图 4-12 所示。

图 4-11 填制的现金支票正面

图 4-12 填制的现金支票背面

(2) 根据现金支票存根进行账务处理。
借:库存现金   69 000
    贷:银行存款   69 000
(3) 登记现金日记账和银行存款日记账。(略)

五、转账支票

转账支票是用于单位之间商品交易、劳务供应和其他往来款项的结算凭证。该支票不得支取现金,可以办理转账。转账支票是同一票据交换区的企业间办理业务结算使用频率最高的结算方式。

(一) 转账支票结算的业务流程

1. 由付款单位交收款单位办理结算(以下简称"正提",见图4-13)

(1) 付款单位根据付款需要签发转账支票,向收款单位支付款项。

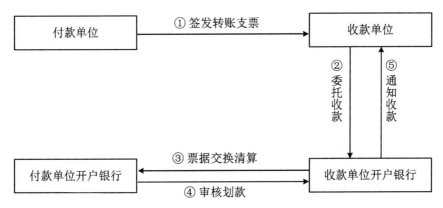

图4-13 正提的转账支票结算的业务流程

(2) 收款单位收到转账支票,委托收款单位开户银行进行收款,收款单位开户银行接受委托,将受理回单交予收款单位。

(3) 收款单位开户银行通过银行间的票据交换清算系统将转账支票交换到付款单位开户银行。

(4) 付款单位开户银行收到转账支票后,对付款单位账户余额是否足额、转账支票是否合格等要素进行审核,审核通过后根据支票上填明的金额,将款项从付款单位账户划入收款单位账户。

(5) 收款单位开户银行收妥款项后,通知收款单位收讫,并将款项收讫的回单交予收款单位。

2. 由付款单位交付款单位开户银行办理结算(以下简称"倒提",见图4-14)

(1) 付款单位根据付款需要签发转账支票,委托自己的开户银行进行付款,付款单位开户银行接受委托,将受理回单交予付款单位。

(2) 付款单位开户银行审核后,根据支票上填明的金额,将款项从付款单位账户划入收款单位账户。

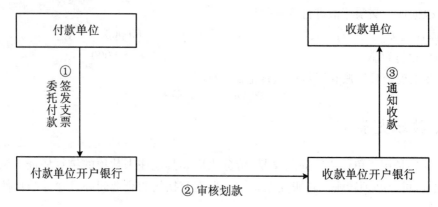

图 4-14 倒提的转账支票结算的业务流程

(3) 收款单位开户银行收到款项后,通知收款单位款项收讫,并将款项收讫的凭证交予收款单位。

3. 正提和倒提的联系与区别

1) 联系

(1) 两者都是利用转账支票进行结算。

(2) 付款单位采用这两种结算方式支付的费用基本一致。

2) 区别

(1) 倒提属于付款单位主动委托开户银行付款的支付方式,出账及时,无法为付款单位多留存款的时点余额;正提存款的出账时间,取决于收款单位委托其开户银行收款的时间,可能为付款单位多留几天存款的时点余额。

(2) 付款单位办理倒提时,需向银行提交转账支票和进账单,委托银行付款;正提时付款单位不需要填写进账单,直接签发转账支票交予收款单位即可,手续更为简便。

注:后文所述的转账支票结算方式指的是转账支票的正提。

【小贴士】
　　对于付款单位而言,利用正提方式进行结算,办理手续更为简便,并且可能多留银行存款的时点余额,从而增加其存款利息收入,因此付款单位一般都采用正提的方式进行转账支票结算。

(二) 转账支票结算的业务处理

1. 付款单位的业务处理

【实例 4-3】2019 年 04 月 08 日,华盛实业股份有限公司要预付北京阿里山有限公司货款 100 000 元,双方约定采用转账支票方式结算。北京阿里山有限公司开户行为中国银行北京海淀支行,账号是 4563509048708095429。

具体业务处理步骤:

(1) 签发转账支票。按照题设要求,华盛实业股份有限公司出纳人员签发的转账支票如图 4-15 所示,该转账支票的背面不需要华盛实业股份有限公司签章。

图 4-15 签发好的转账支票正面

（2）根据转账支票存根进行账务处理。

借：预付账款　　　　　　　　　　　　　　　　　100 000
　　贷：银行存款　　　　　　　　　　　　　　　　100 000

（3）登记银行存款日记账。（略）

2. 收款单位的业务处理

【**实例4-4**】2019年05月09日，华盛实业股份有限公司收到北京智成软件有限公司签发的转账支票一张（见图4-16）。北京智成软件有限公司的开户银行是中国农业银行北京海淀支行，账号为32015336621168811。华盛实业股份有限公司出纳人员在当日到开户银行办理进账。

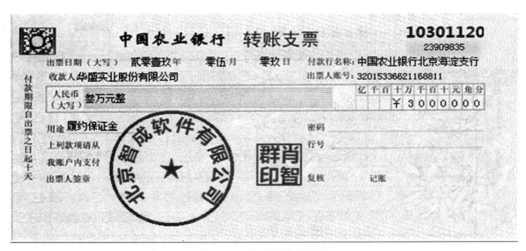

图 4-16 收到的转账支票

具体业务处理步骤：

（1）审核支票。华盛实业股份有限公司出纳人员收到北京智成软件有限公司交来的转账支票后，首先应对支票进行审核，以免收进假支票或无效支票。审核内容包括以下几项：

① 支票填写是否清晰，是否用碳素墨水笔或签字笔填写。

② 支票的各项内容是否填写齐全，是否在签发人签章处清楚地加盖了该单位的银行预留印鉴，大、小写金额和收款人有无涂改，其他内容如有改动是否加盖了银行预留印鉴。

③ 支票上填写的收款人是否为本单位。
④ 支票上的大、小写金额填写是否正确,两者是否相符。
⑤ 支票是否在付款期内。
⑥ 背书转让的支票其背书是否正确,是否连续。

(2) 填写支票背面。经审核,华盛实业股份有限公司出纳人员确认收到的支票无误后,在支票背面背书人签章处加盖公司银行预留印鉴(见图4-17),准备到开户银行办理收款进账手续。

图 4-17 填写完整的转账支票背面

(3) 填写进账单,办理进账。华盛实业股份有限公司出纳人员到开户银行填制一式三联进账单,然后连同支票一并递交开户银行工作人员。空白的进账单如图4-18所示。

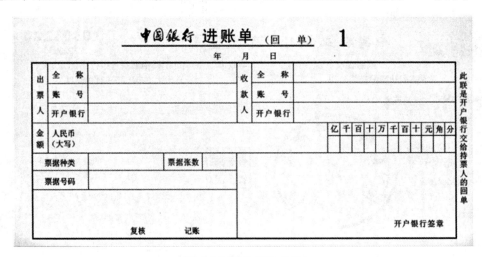

图 4-18 空白的进账单

开户银行工作人员审核无误后在进账单第一联(回单)上加盖"业务受理"章(见图4-19),并退给出纳人员。进账单第一联(回单)作为查询用,不必进行账务处理。

(4) 根据开户银行交予的进账单第三联(收账通知,见图4-20),进行账务处理。

借:银行存款   30 000
　　贷:应收账款(等)   30 000

图 4-19 填制的进账单第一联

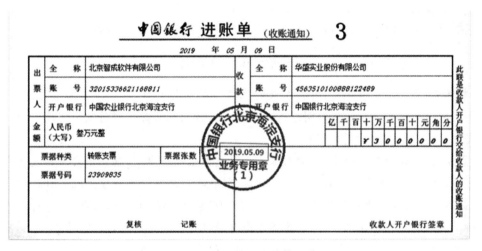

图 4-20 填制的进账单第三联

(5) 出纳人员登记银行存款日记账(图略)。

(三) 转账支票结算的优缺点及适用范围

1. 转账支票结算的优点

(1) 付款单位承担的费用低。采用转账支票方式进行结算,付款单位只需要支付费用水平较低的工本费及手续费即可,费用负担较轻。

(2) 付款单位出纳人员操作简便。采用转账支票方式进行结算,付款单位出纳人员只需正确签发转账支票,无须去其他单位、机构办理手续。

(3) 可以为付款单位多留存款余额。转账支票的提示付款期为 10 天,从付款单位账户出账的时间取决于收款单位去其开户银行委托收款的时间,在收款单位委托收款前,支票上的款项仍可留在付款单位的账户中,增加其存款利息收入。

2. 转账支票结算的缺点

(1) 非同一票据交换区不能使用。转账支票结算方式仅限在同一票据交换区使用。

(2) 款项到账速度较慢。从收款单位提出委托收款申请开始,到款项进入收款单位银行账户,一般需要 0.5~2 天。如果收款单位对款项到账时间要求较急的话,那么转账支票结算不能满足。

3. 转账支票结算的适用范围

转账支票结算方式通常适用于同一票据交换区域内,且收款单位对到账时间要求不急的情况下使用,是企业最常用的结算方式。

支票结算方式使用的区域范围

支票结算一直以来都是同城使用的一种结算方式。2007 年 6 月 25 日,中国人民银行完成全国支票影像交换系统的建设,实现了支票在全国范围内的互通使用。但是只有收、付款双方的开户行都加入全国支票影像交换系统,才能异地使用支票,并且收款人只能通过银行委托收款,对金额也有限制,因此异地收、付款使用支票结算方式的目前并不多。

《票据法》的相关规定

《票据法》第五十七条规定:付款人及其代理付款人付款时,应当审查汇票背书的连续,并审查提示付款人的合法身份证明或者有效证件。付款人及其代理付款人以恶意或者有重大过失付款的,应当自行承担责任。

《票据法》第九十二条规定:付款人依法支付支票金额的,对出票人不再承担受委托付款的责任,对持票人不再承担付款的责任。但是,付款人以恶意或者有重大过失付款的除外。

《最高人民法院关于审理票据纠纷案件若干问题的规定》第六十九条规定:付款人或者代理付款人未能识别出伪造、变造的票据或者身份证件而错误付款,属于《票据法》第五十七条规定的"重大过失",给持票人造成损失的,应当依法承担民事责任。付款人或者代理付款人在承担责任后有权向伪造者、变造者依法追偿。持票人有过错的,也应当承担相应的民事责任。

任务三 银行本票结算

一、银行本票的概念及分类

(一)银行本票的概念

银行本票是申请人将款项交存银行,由银行签发的承诺自己在见票时无条件支付确定的金额给收款人或者持票人的票据。

（二）银行本票的分类

（1）银行本票按照其是否可以提取现金，分为现金银行本票和转账银行本票两种。

现金银行本票可以提取现金，要求申请人和收款人均为个人，企业不得申请。转账银行本票可以转账，不得提取现金，企业只能办理转账银行本票。

银行本票一式两联，第一联为卡片联（见图 4-21），第二联为正联（正面见图 4-22，背面见图 4-23）。

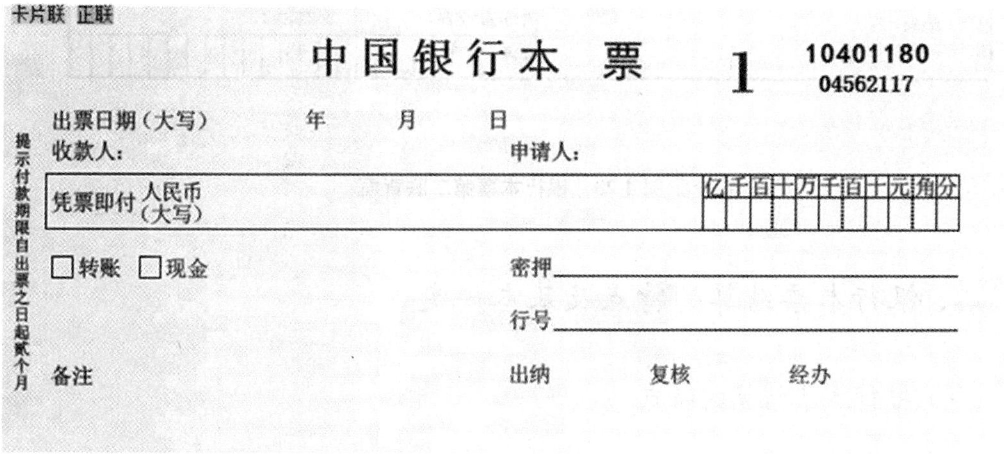
卡片联 正联

中国银行本 票 1 10401180 04562117

提示付款期限自出票之日起贰个月

出票日期（大写） 年 月 日

收款人： 申请人：

凭票即付 人民币（大写）	亿	千	百	十	万	千	百	十	元	角	分

□转账 □现金 密押

行号

备注 出纳 复核 经办

图 4-21 银行本票第一联

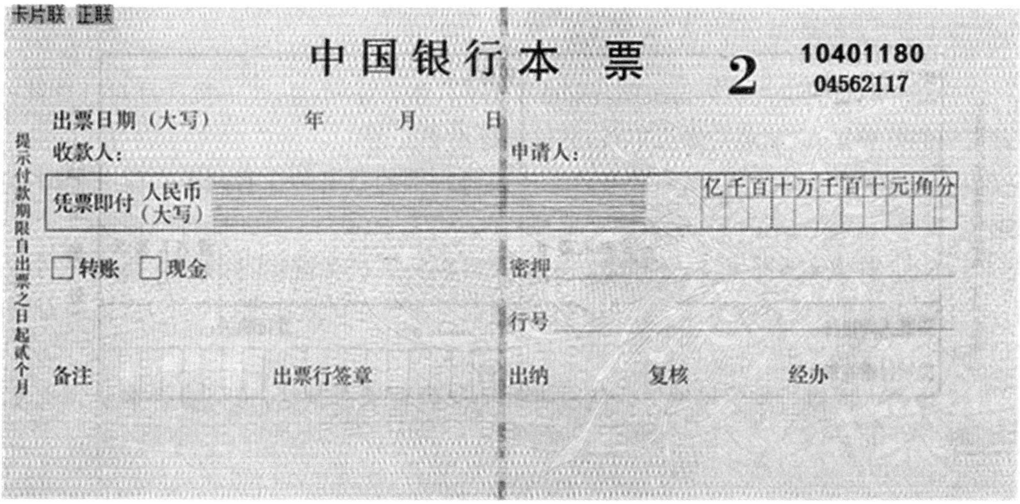
卡片联 正联

中国银行本 票 2 10401180 04562117

提示付款期限自出票之日起贰个月

出票日期（大写） 年 月 日

收款人： 申请人：

凭票即付 人民币（大写）	亿	千	百	十	万	千	百	十	元	角	分

□转账 □现金 密押

行号

备注 出票行签章 出纳 复核 经办

图 4-22 银行本票第二联正面

（2）银行本票按照其金额是否固定，分为不定额银行本票和定额银行本票两种。定额本票由中国人民银行委托专业银行代理签发，面额有 1 000 元、5 000 元、10 000 元和 50 000 元；不定额本票的金额起点为 1 000 元，由专业银行签发。在实际结算业务中，不定额本票更为常用。

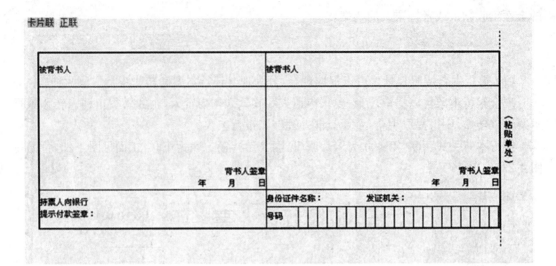

图 4-23　银行本票第二联背面

二、银行本票结算的特点及基本规定

（一）银行本票结算的特点

(1) 使用方便。
(2) 信誉度高，支付能力强。

（二）银行本票结算的基本规定

(1) 银行本票的付款期为自出票日起 2 个月(不分大月、小月，统一按次月对日计算；到期日遇节假日顺延)。逾期的银行本票，兑付银行不予受理。

(2) 银行本票一律记名，允许背书转让。银行本票的背书转让有利于实现资金清算的票据化，加速资金周转，扩展资金来源。填写"现金"字样的银行本票不能背书转让。

(3) 银行本票见票即付，不予挂失。失票人可以凭人民法院出具的享有票据权利的证明，向出票银行请求付款或退款。遗失的不定额银行本票在付款期满后一个月，确未冒领的可以办理退款手续。

(4) 申请人因银行本票超过付款期或者其他原因要求退款时，可持银行本票到签发银行办理。

三、银行本票结算的业务流程

银行本票结算流程如图 4-24 所示。

(1) 付款单位(本票申请单位)根据结算需要，在保证银行存款账户余额足额的前提下，填写银行本票申请书，委托付款单位开户银行签发银行本票。

(2) 付款单位开户银行审核后，根据银行本票申请书所载信息，签发银行本票，将款项

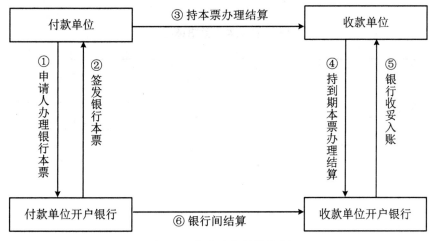

图 4-24 银行本票结算流程

由付款单位银行账户划至银行专门账户中保管,以保证将来足额支付,并将银行本票与银行本票申请书回单交予付款单位。

(3) 付款单位将银行本票交予收款单位,进行交易款项的结算。

(4) 收款单位将银行本票交予收款单位开户银行,委托其进行收款。

(5) 收款单位开户银行通过银行系统查询银行本票真伪,核实无误后,按照银行本票所载金额垫付款项,垫付款项存入收款单位银行账户中,并将进账单受理与款项收讫的回单交予收款单位。

(6) 收款单位开户银行通知付款单位开户银行,要求其划出银行本票票款。付款单位开户银行审核无误后,按照银行本票所载金额,将款项划入收款单位开户银行。

四、银行本票结算的业务处理

【实例 4-5】2019 年 04 月 25 日,华盛实业股份有限公司向北京百货批发站购买桌子,双方约定货款以银行本票结算,付款方式为转账的银行本票。北京百货批发站开户行是中国银行北京三环支行,账号是 4563509048708097623。

具体业务处理步骤:

(1) 填写银行本票申请书。银行汇(本)票申请书一式三联,适用于银行本票和银行汇票的申请,空白样书如图 4-25 所示。

按照题意要求,华盛实业股份有限公司出纳人员填写银行本票申请书,如图 4-26 所示。

(2) 申请办理银行本票。银行受理企业递交的银行本票申请书,在收妥款项后,据以签发银行本票。根据题意,银行签好的本票如图 4-27 所示。

(3) 出纳人员根据银行退回的申请书回单联进行账务处理。

借:其他货币资金　　　　　　　　　　58 500
　　贷:银行存款　　　　　　　　　　　58 500

(4) 登记银行存款日记账。(略)

银行汇（本）票申请书

年　　月　　日　　　　　　流水号：

业务类型	□银行汇票　□银行本票	付款方式	□转账　□现金
公司名称		收款人	
账　号		账　号	
用　途		代理付款行	
金额（大写）		亿千百十万千百十元角分	
客户签章			

会计主管　　授权　　复核　　录入

第三联：回单联

图 4-25　空白银行本票申请书

银行汇（本）票申请书

2019年　04月　25日　　　　　　流水号：20195361

业务类型	□银行汇票　☑银行本票	付款方式	☑转账　□现金
公司名称	华盛实业股份有限公司	收款人	北京百货批发站
账　号	4563510100888122489	账　号	4563509048708097623
用　途	购买桌子	代理付款行	中国银行北京三环支行
金额（大写）	伍万捌仟伍佰元整	亿千百十万千百十元角分	￥5850000
华盛实业股份有限公司 财务专用章　忠庄印振　客户签章			

会计主管　　授权　　复核　　录入

第三联：回单联

图 4-26　填制的银行本票申请书

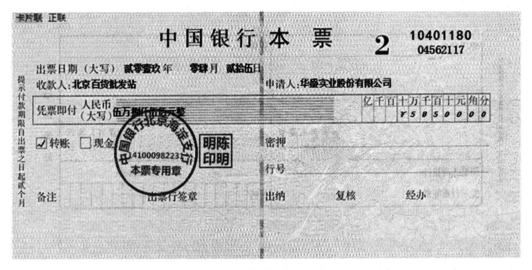

图 4-27　签发的银行本票

五、银行本票结算的优缺点及适用范围

（一）银行本票结算的优点

（1）信誉度高,支付能力强。办理银行本票前,银行要审核申请人账户中的余额是否大于或等于申请金额;签发后,签发行立即将出票金额款项由申请人账户划入银行专门账户,等待付款。因此,银行本票不会出现空头,信誉度高,安全可靠。

（2）见票即付,实时到账。收款单位在委托银行收款时票款立即入账,方便收款单位使用资金。

（3）付款单位承担的费用低。付款单位只需要支付费用较低的工本费及手续费即可,费用负担较轻。

（4）提示付款期较长。银行本票提示付款期为两个月,业务人员办理业务时间充裕,便于银行本票的转让与流通。

（二）银行本票结算的缺点

（1）仅限同城使用。异地结算不能使用银行本票。

（2）无法为付款单位多留存款的时点余额。一般付款单位开户银行在签发银行本票时,就已将出票金额款项划入银行专门账户,无法保留存款余额。

（3）办理过程较长。银行本票需要申请单位出纳人员去银行办理,银行审核及签发的步骤较多,办理时间较长。

（三）银行本票结算的适用范围

银行本票结算广泛应用于同城间各种款项的结算。当同城的收款人对到账时间要求较急,并且付款人对结算费用要求较严格时,银行本票最为常用。

任务四　银行汇票结算

一、银行汇票的概念及分类

（一）银行汇票的概念

银行汇票是汇款人将款项存入当地出票银行，由出票银行签发的，在其见票时，按照实际结算金额无条件支付给持票人或收款人的票据。

（二）银行汇票的分类

银行汇票按照其是否可以提取现金，分为现金银行汇票和转账银行汇票两种。

现金银行汇票可以提取现金，要求申请人和收款人均为个人，企业不得申请。转账银行汇票可以转账，不得提取现金，企业只能办理转账银行汇票。以下所述的银行汇票指的是转账银行汇票。

银行汇票一式四联，第一联为卡片联，第二联为借方凭证，第三联为解讫通知，第四联为多余款收账通知。空白银行汇票的第二联、第三联如图4-28～图4-30所示。

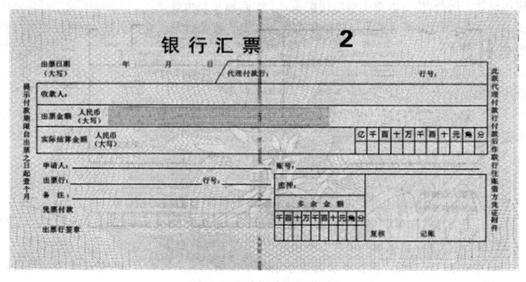

图4-28　银行汇票第二联正面

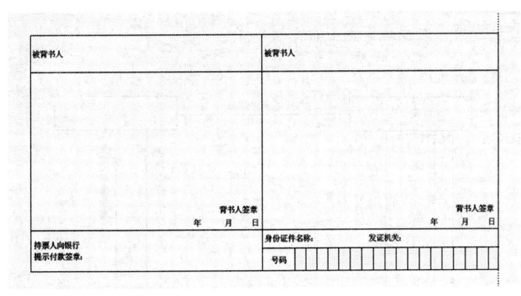

图 4-29 银行汇票第二联背面

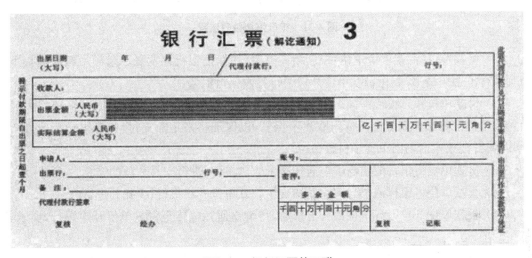

图 4-30 银行汇票第三联

二、银行汇票结算的特点及基本规定

(1) 非同一票据交换区(异地)均可使用银行汇票进行结算。
(2) 银行汇票的提示期限自出票日起 1 个月内。
(3) 银行汇票的签发人为申请人(付款单位)的开户银行。
(4) 银行汇票按照实际金额进行结算,结算准确,余款自动退回。
(5) 办理银行汇票前,需从银行购入银行汇票申请书,交纳工本费。
(6) 办理银行汇票需向银行支付工本费、邮电费与手续费。

三、银行汇票结算的业务流程

银行汇票结算流程如图 4-31 所示。

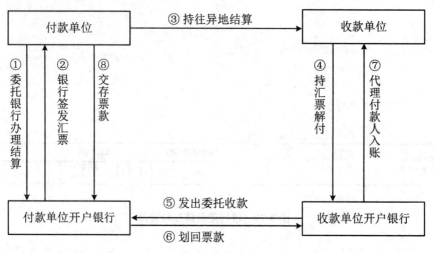

图 4-31　银行汇票结算流程

(1) 付款单位(汇票申请单位)根据结算需要,在保证银行存款账户余额足额的前提下,填写银行汇票申请书,委托付款单位开户银行签发银行汇票。

(2) 付款单位开户银行审核后,根据银行汇票申请书所载信息,签发银行汇票,将款项由付款单位银行账户划至银行专门账户中保管,以保证将来足额支付,并将银行汇票、解讫通知、银行汇票申请书回单交予付款单位。

(3) 付款单位将银行汇票与解讫通知交予收款单位,进行交易款项的结算。

(4) 收款单位将银行汇票与解讫通知交予收款单位开户银行,委托其进行收款。

(5) 收款单位开户银行审核银行汇票后,将解讫通知电传至付款单位开户银行,要求其解付款项。

(6) 付款单位开户银行通过银行系统间的清算中心将资金划转至收款单位开户银行。

(7) 收款单位开户银行为收款人办理款项入账,并将受理回单交予收款人。

(8) 付款单位开户银行将出票金额与实际结算金额之间的差额划入付款单位账户中。

四、银行汇票结算的业务处理

【**实例 4-6**】2019 年 09 月 06 日,北京明发商贸有限公司支付前欠福州长富贸易公司的货款,双方决定采用银行汇票的结算方式。当日,北京明发商贸有限公司向开户银行申请签发金额为 50 000.00 元的银行汇票。北京明发商贸有限公司的开户行是中国工商银行北京西城支行,账号为 9558801009012136441;福州长富贸易公司的开户行是中国建设银行福州静安支行,账户为 4367420011260221073。

具体业务处理步骤:

(1) 填写银行汇票申请书。根据题意,北京明发商贸有限公司出纳人员填写银行汇票(本票)申请书,如图 4-32 所示。

图 4-32　银行汇票申请书

(2) 申请办理银行汇票。银行受理企业递交的银行汇票申请书,在收妥款项后,据以签发银行汇票。签发好的银行汇票如图 4-33 所示。

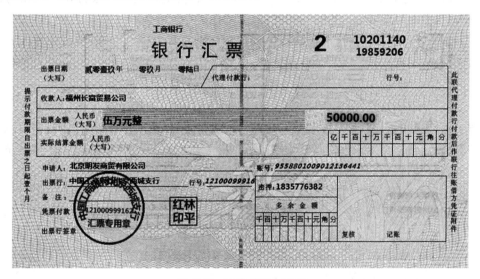

图 4-33　签发的银行汇票

(3) 出纳人员将银行汇票第二联和第三联带回企业,交由经办人员。同时,根据银行退回的申请书"回单联",进行账务处理。

　　借:其他货币资金　　　　　　　　　　　　　50 000
　　　　贷:银行存款　　　　　　　　　　　　　　50 000
(4) 登记银行存款日记账。(略)

五、银行汇票结算的优缺点及适用范围

(一)银行汇票结算的优点

(1) 信誉度高,支付能力强。办理银行汇票前,银行要审核申请人账户中的余额是否不低于申请金额;签发后,签发行立即将出票金额款项由申请人账户划入银行专门账户等待解付。因此,银行本票不会出现空头,信誉度高,安全可靠。

(2) 票随人走,钱货两清。采用银行汇票结算,验票交货,钱货两清。

(3) 提示付款期较长。银行汇票提示付款期为1个月,业务人员办理业务时间充裕,便于银行汇票的转让与流通。

(4) 结算准确,余款自动退回。当购货单位很难确定具体购货金额时,使用银行汇票结算,只要在汇票的出票金额之内,可根据实际采购金额办理结算,多余款项由银行自动退回,这样可以有效防止交易尾欠的发生。

(二)银行汇票结算的缺点

(1) 付款单位承担的费用较高。办理银行汇票业务支付的邮电费较高。

(2) 无法为付款单位多留存款的时点余额。一般付款单位开户银行在签发银行汇票时,就已将出票金额款项划入银行专用账户,无法保留存款余额。

(3) 办理过程较长。银行汇票需要申请单位出纳人员去银行办理,银行审核及签发的步骤较多,办理时间较长。

(三)银行汇票结算的适用范围

银行汇票适用于先收款后发货或钱货两清的交易,不仅适用于在银行开户的单位、个体经营户和个人,还适用于未在银行开立账户的个体经营户和个人。凡是单位、个体经济户和个人需要在异地进行商品交易、劳务供应及债权债务的结算都可以使用银行汇票。

银行汇票和银行本票有何区别

客户到开户银行购买银行汇票,银行先从客户账户上扣除相应的款项,然后签发银行汇票,客户就可以把银行汇票直接交给收款人。收款人可以通过自己的开户银行做托收,把款项收妥入账。银行汇票可以异地使用,有效期为1个月。

客户到开户银行购买银行本票,银行先从客户账户上扣除相应的款项,然后签发银行本票,客户就可以把银行本票直接交给收款人。与银行汇票不同的是,银行本票见票即付,收款人开户银行收到客户提交的银行本票后须马上入账,然后再通过银行间的清算系统清算资金,收回款项。银行本票只能在同城使用,有效期为2个月。

任务五　商业汇票结算

一、商业汇票结算方式

（一）商业汇票的概念及分类

1. 商业汇票的概念

商业汇票是由出票人签发，委托付款人在指定日期无条件支付确定的金额给收款人或持票人的票据。

2. 商业汇票的分类

商业汇票按照承兑人的不同，可以分为银行承兑汇票和商业承兑汇票。承兑即承诺兑付，是指汇票付款人在汇票上签章，表示承诺将来在汇票到期日支付汇票金额的票据行为。

银行承兑汇票指的是由在承兑银行开立存款账户的存款人签发，并由承兑申请人向承兑银行申请，经银行审查同意承兑的票据。银行承兑汇票样式如图 4-34～图 4-37 所示。

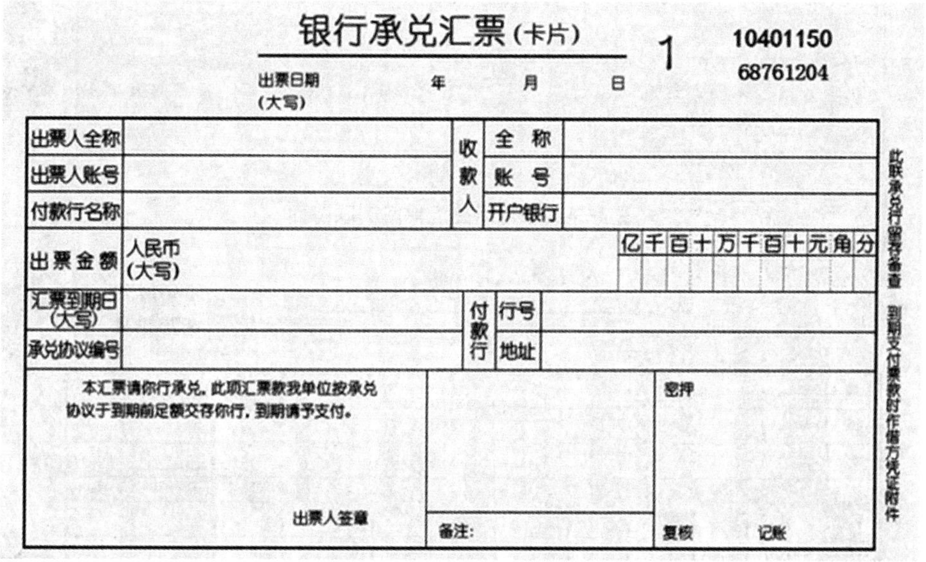
银行承兑汇票（卡片）　1　10401150　68761204

出票日期（大写）　年　月　日

出票人全称		收款人	全　称	
出票人账号			账　号	
付款行名称			开户银行	
出票金额	人民币（大写）			亿 千 百 十 万 千 百 十 元 角 分
汇票到期日（大写）		付款行	行号	
承兑协议编号			地址	

本汇票请你行承兑，此项汇票款我单位按承兑协议于到期前足额交存你行，到期请予支付。

出票人签章

备注：

密押

复核　记账

此联承兑行留存备查　到期支付票款时作借方凭证附件

图 4-34　银行承兑汇票第一联

银行承兑汇票 2

10401150
68761204

出票日期（大写） 年 月 日

出票人全称		收款人	全 称	
出票人账号			账 号	
付款行名称			开户银行	
出票金额	人民币（大写）			亿 千 百 十 万 千 百 十 元 角 分
汇票到期日（大写）		付款行	行号	
承兑协议编号			地址	
本汇票请你行承兑，到期无条件付款。 出票人签章		本汇票已经承兑，到期日由本行付款。 承兑行签章 承兑日期 年 月 日 备注：		密押 复核 记账

此联收款人开户行随托收凭证寄付款行作借方凭证附件

图 4-35 银行承兑汇票第二联正面

被背书人	被背书人	被背书人	（贴粘单处）
背书人签章 年 月 日	背书人签章 年 月 日	背书人签章 年 月 日	

图 4-36 银行承兑汇票第二联背面

银行承兑汇票（存根） 3

10401150
68761204

出票日期（大写） 年 月 日

出票人全称		收款人	全 称	
出票人账号			账 号	
付款行名称			开户银行	
出票金额	人民币（大写）			亿 千 百 十 万 千 百 十 元 角 分
汇票到期日（大写）		付款行	行号	
承兑协议编号			地址	
		备注：		密押 复核 经办

此联由出票人存查

图 4-37 银行承兑汇票第三联

商业承兑汇票是指由收款人签发，经付款人承兑，或者由付款人签发并承兑的汇票。商业承兑汇票格式如图 4-38、图 4-39 所示。

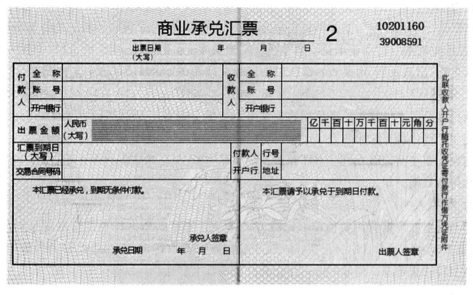

商业承兑汇票 2

10201160
39008591

出票日期（大写） 年 月 日

付款人	全称		收款人	全称	
	账号			账号	
	开户银行			开户银行	
出票金额	人民币（大写）		亿千百十万千百十元角分		
汇票到期日（大写）			付款人开户行	行号	
交易合同号码				地址	
本汇票已经承兑，到期无条件付款。 承兑人签章 承兑日期 年 月 日			本汇票请予以承兑于到期日付款。 出票人签章		

此联收款人开户行随托收凭证寄付款行作借方凭证附件

图 4-38 商业承兑汇票第二联正面

被背书人	被背书人	被背书人
背书人签章 年 月 日	背书人签章 年 月 日	背书人签章 年 月 日

（贴粘单处）

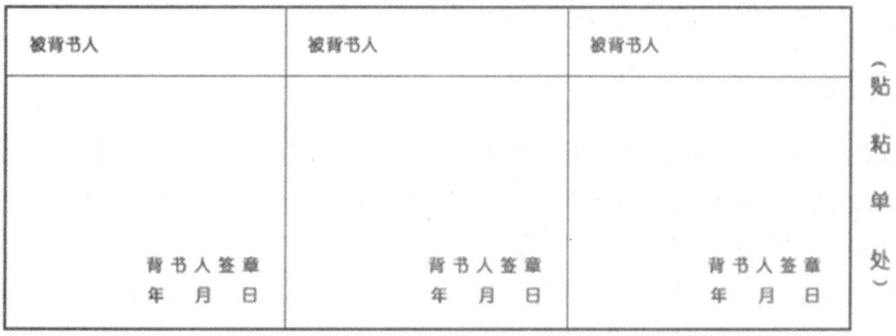

图 4-39 商业承兑汇票第二联背面

（二）商业汇票的适用范围

商业汇票适用于在银行开立存款账户的法人或其他组织，收、付款人具有真实的交易关系或者债权债务关系。同城、异地都可使用商业汇票的结算方式。

与银行汇票结算方式相比，商业汇票的适用范围相对较窄，各企业、事业单位之间只有根据购销合同进行合法的商品交易，才能签发商业汇票。除商品交易以外，其他方面的结算不可采用商业汇票结算方式。

与银行汇票等结算方式相比，商业汇票的使用对象相对较少。商业汇票的使用对象是在银行开立账户的法人或者其他组织。使用商业汇票的收款人、付款人以及背书人、被背书人等必须同时具备两个条件，一是在银行开立账户，二是具有法人资格。

（三）商业汇票的票据行为

1. 出票

出票是出票人签发票据并将其交付给收款人的票据行为。票据必须记载的事项包括注明"银行承兑汇票"或"商业承兑汇票"的字样、无条件支付的委托、确定的金额、付款人名称、收款人名称、出票日期、出票人签章。欠缺记载上述任意规定事项的商业汇票无效。

2. 承兑

承兑是汇票的付款人承诺负担票据债务的行为。商业汇票必须经过承兑，只有经过承兑的商业汇票才具有法律效力，承兑人负有到期无条件付款的责任。对于银行承兑汇票，银行应当在汇票正面记载"承兑"字样和承兑日期并签章；见票后定期付款的汇票，应当在承兑时记载付款日期。

3. 背书

背书是指在票据背面和粘单上记载有关事项并签章的票据行为。背书发生在出票以后，以票据权利转让为目的。汇票、本票、支票都可以背书转让，因商业汇票的付款期较长，所以背书转让很普遍。商业汇票一律记名并允许背书转让。

4. 贴现

贴现是商业汇票的持票人在汇票到期日前为了取得资金，贴付一定利息将票据权利转让给银行的票据行为，是银行向持票人融通资金的一种方式。通过贴现使结算和银行资金融通相结合，有利于企业及时补充流动资金，维持生产经营的正常进行。

（四）商业汇票的基本规定

（1）使用商业汇票的单位必须是在银行开立存款账户的企业法人。个体经济户、农村承包户、个人、法人的附属单位等不具有法人资格的单位或个人，以及虽具有法人资格但没有在银行开立账户的单位，都不能使用商业汇票。

（2）签发商业汇票应以商品交易为基础，禁止签发、承兑、贴现无商品交易的商业汇票。商业汇票在同城、异地都可以使用，而且没有结算起点的限制。

（3）商业汇票可以由付款人签发，也可以由收款人签发，但都必须经过承兑。只有经过承兑的商业汇票才具有法律效力，承兑人负有到期无条件付款的责任。

（4）商业汇票一律记名，允许背书转让。如出票人在汇票上记载"不得转让"字样，则该汇票不得转让。

（5）商业汇票承兑后，承兑人即付款人，负有到期无条件支付票款的责任。

（6）商业汇票承兑期限由交易双方商定，最长不得超过 6 个月。如果分期付款，那么应一次签发若干张不同期限的商业汇票。

（7）商业汇票到期后，一律通过银行办理转账结算，银行不支付现金。商业汇票的提示付款期限为自汇票到期日起 10 日内。

（8）无款支付的规定。不得签发没有资金保证的商业承兑汇票，否则银行按照商业承兑汇票的票面金额处以 5% 但不低于 1 000 元的罚款，同时处以 2% 赔偿金给受害人。银行承兑汇票到期，付款人账户无款支付或不足支付时，银行除凭票向收款人无条件支付款项外,将根据承兑协议对付款人执行扣款。对于尚未收回的款项转入付款人的逾期贷款户,并按每日万分之五计收罚息。

二、商业汇票结算的业务流程

(一)银行承兑汇票结算的业务流程

银行承兑汇票结算的业务流程如图 4-40 所示。

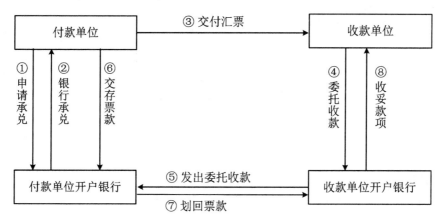

图 4-40　银行承兑汇票结算的业务流程

(1) 付款单位出纳人员签发银行承兑汇票并申请承兑。交易双方经过协商,签订商品交易合同,并注明采用"银行承兑汇票"进行结算,然后由付款单位到银行申请开具银行承兑汇票,由承兑申请人(出票人)向其开户银行申请承兑。

(2) 银行予以承兑。承兑申请人开户银行按照有关规定审查,符合承兑条件的,与承兑申请人签订银行承兑协议书,并按票面金额的一定比例收取承兑手续费,在银行承兑汇票上盖章,退给承兑申请人(付款人)。

(3) 承兑申请人(付款人、出票人)将银行承兑汇票交给收款人,求发运货物。

(4) 收款单位出纳人员签收汇票,并在汇票到期时向其开户银行办理委托收款。

(5) 收款人开户银行向出票人开户银行发出委托收款通知。

(6) 出票人在银行承兑汇票到期前足额交存票款。

(7) 出票人开户银行将款项划拨给收款人开户银行。

(8) 收款人收妥票款入账。

【实例 4-7】华盛实业股份有限公司从上海沪鑫制造厂购买设备一台,价税合计 117 000 元(增值税税率为 13%)。双方签署了购销合同,约定采用银行承兑汇票结算,承兑协议编号 050321。华盛实业股份有限公司于 2019 年 03 月 13 日签发经其开户银行承兑的银行承兑汇票一张。该汇票付款期限为 3 个月。上海沪鑫制造厂的开户银行为中国工商银行上海嘉定支行,账号为 9558872390137252471。

(1) 按照题意,华盛实业股份有限公司签发,并经其开户银行承兑的汇票如图 4-41 所示。

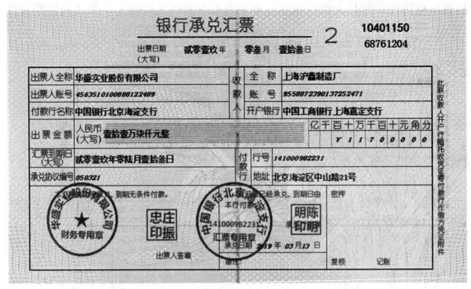

图 4-41 填写的银行承兑汇票

（2）根据银行承兑汇票回单、其他付款凭证及收款凭证回单进行账务处理。

借：固定资产　　　　　　　　　　　　　　　103 539.82
　　应交税费——应交增值税（进项税额）　　　13 460.18
　　贷：应付票据　　　　　　　　　　　　　　117 00.00
借：财务费用——手续费
　　贷：银行存款

（3）登记银行存款日记账和应付票据备查簿。（略）

（二）商业承兑汇票结算的业务流程

商业承兑汇票结算的业务流程如图 4-42 所示。

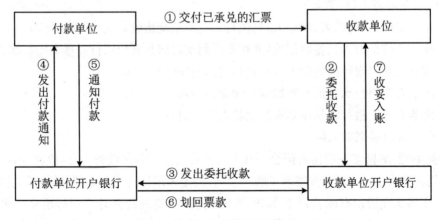

图 4-42 商业承兑汇票结算的业务流程

1. 签发汇票

商业承兑汇票按照双方协定，既可以由收款人签发后交付款人承兑，也可以由付款人签发并承兑。

2. 委托银行收款

收款人收到汇票后保管至到期日,在汇票到期日起 10 日内,将汇票和委托收款凭证交其开户银行,委托开户银行向承兑人(付款人)收取票款。根据银行的收账通知,编制收款凭证。

委托银行收款时,应填写一式五联的委托收款凭证,在其"委托收款凭证名称"栏内注明"商业承兑汇票"字样及汇票号码。在商业承兑汇票第二联背面加盖收款单位公章后,一并送交开户银行。开户银行审查后办理有关收款手续,并将盖章后的委托收款凭证第一联退回给收款单位保存。

3. 付款人到期付款

付款人应于商业承兑汇票到期前将票款足额交存银行,在收到开户银行转来的委托收款凭证付款通知时,当日通知银行付款。付款人在收到银行的付款通知时,据此编制付款凭证。

三、商业汇票背书

商业汇票背书是指以转让商业汇票权利或者将一定的商业汇票权利授予他人行使为目的,按照法定的事项和方式,在商业汇票背面或者粘单上记载有关事项并签章的票据行为。

(一)商业汇票背书的基本规定

1. 背书的记载事项

1)背书的绝对记载事项

(1)背书人和被背书人两个事项为绝对记载事项,否则背书无效。

(2)背书人背书时,必须在票据上签章。

(3)汇票以背书转让或者以背书将一定的汇票权利授予他人行使时,必须记载被背书人名称和背书日期。

(4)如果背书人未记载被背书人名称即将票据交付他人的,那么持票人在"票据被背书人"栏内记载自己的名称与背书人记载具有同等法律效力。

2)背书的相对记载事项

未记载背书日期的,视为在汇票到期日前背书。

3)背书的不得记载事项

(1)背书不得附有条件。背书时附条件的,所附条件不具有汇票上的效力。

(2)多头背书、部分背书属于无效背书。

2. 背书粘单

第一位使用粘单的背书人必须将粘单粘接在票据上,并且在汇票和粘单的粘接处签章,否则该粘单记载的内容无效。

3. 背书连续

背书连续主要是指背书人在形式上连续。如果背书人在实质上不连续,那么付款人仍应对持票人付款。但是,如果付款人明知持票人不是真正票据权利人,那么不得向持票人付款,否则应自行承担责任。

4. 法定禁止背书

被拒绝承兑、被拒绝付款或者超过付款提示期限等情形下的汇票,不得背书转让。背书转让的,背书人应当承担汇票责任。出票人填明"不得转让"字样的商业汇票和持票人填明"委托收款"字样的商业汇票,均不得背书转让。

(二)商业汇票背书实例

【实例 4-8】2019 年 03 月 21 日,上海沪鑫制造厂将北京明发商贸有限公司 3 月 13 日签发的银行承兑汇票背书给华盛实业股份有限公司,用于抵偿前欠货款。该银行承兑汇票如图 4-43 所示。

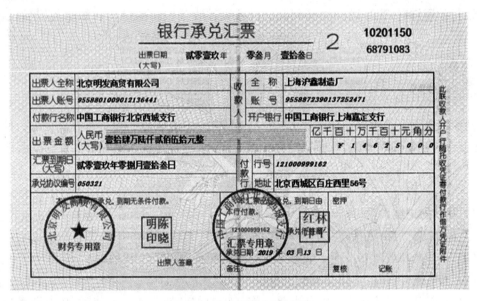

图 4-43 银行承兑汇票正面

(1)按照题意要求,上海沪鑫制造厂在该汇票背面进行书写签章,转让给华盛实业股份有限公司。完整背书的汇票如图 4-44 所示。

图 4-44 背书的银行承兑汇票

（2）进行账务处理如下：

借:应付账款　　146 250

　贷:应收票据　　146 250

四、商业汇票贴现

汇票贴现是指商业汇票的持票人,将未到期的商业汇票转让给银行或非银行金融机构,银行或非银行金融机构按票面金额扣除贴现利息后,将余额付给持票人的票据融资行为。商业汇票持票人如果在汇票到期以前急需资金,那么可以凭承兑的商业汇票向银行办理贴现,以提前取得货款。

（一）商业汇票贴现步骤

1. 申请贴现

汇票持有人向银行申请贴现,由出纳人员填写一式五联的贴现凭证。贴现凭证如图4-45所示。

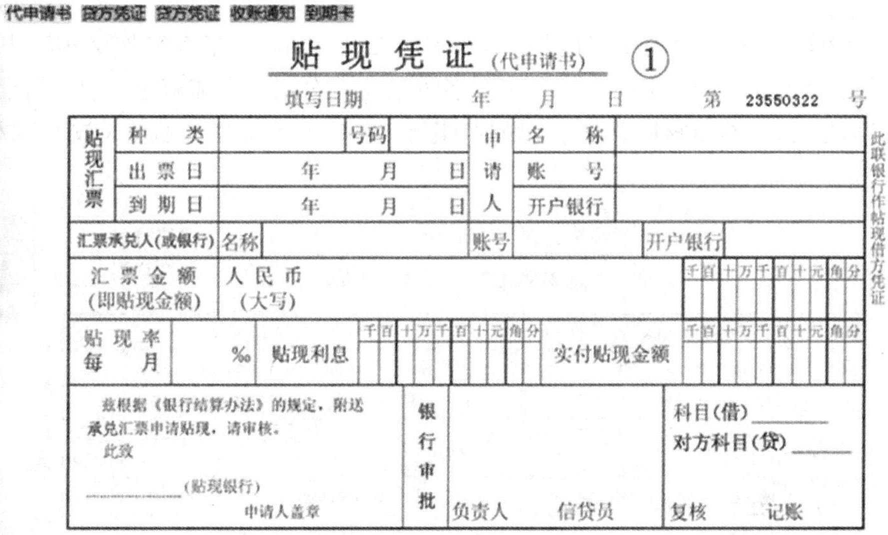

代申请书 贷方凭证 贷方凭证 收账通知 到期卡

贴现凭证（代申请书）①

填写日期　　年　　月　　日　　第 23550322 号

贴现汇票	种类		号码		申请人	名称	
	出票日	年　月　日				账号	
	到期日	年　月　日				开户银行	
汇票承兑人(或银行)	名称		账号		开户银行		
汇票金额（即贴现金额）	人民币（大写）				千百十万千百十元角分		
贴现率 每月	‰	贴现利息	千百十万千百十元角分		实付贴现金额	千百十万千百十元角分	
兹根据《银行结算办法》的规定,附送承兑汇票申请贴现,请审核。此致 （贴现银行） 申请人盖章	银行审批	负责人　信贷员			科目(借) 对方科目(贷) 复核　记账		

此联银行作贴现借方凭证

图 4-45　空白的贴现凭证

（1）逐项填写贴现申请人的名称、账号、开户银行、贴现汇票的种类、出票日、到期日和汇票号码,汇票承兑人的名称、账号和开户银行,汇票金额的大、小写等。

（2）填完贴现凭证后,在第一联贴现凭证“申请人盖章处”和商业汇票第二联、第三联背后加盖预留银行印鉴,然后一并送交开户银行信贷部门。

（3）开户银行信贷部门按照有关规定,对汇票及贴现凭证进行审查,审查无误后在贴现凭证“银行审批”栏签注“同意”字样,并加盖有关人员印章后送银行会计部门。

2. 办理贴现

（1）银行会计部门对银行信贷部门审查的内容进行复核,审查无误后即按规定计算并在贴现凭证上填写贴现率、贴现利息和实付贴现金额。

按照规定,贴现利息根据贴现金额、贴现天数和贴现率计算求得。公式为:

$$贴现利息 = 贴现金额 \times 贴现天数 \times 日贴现率$$

$$日贴现率 = 月贴现率 \div 30$$

$$实付贴现金额 = 贴现金额 - 贴现利息$$

其中,贴现天数是指自银行向贴现单位支付贴现票款日起至汇票到期日前一天止的天数。

(2)银行会计部门填写完贴现率、贴现利息和实付贴现金额后,将贴现凭证第四联加盖"转讫"章后交给贴现单位作为收账通知,同时将实付贴现金额转入贴现单位账户。

(3)贴现单位根据开户银行转回的贴现凭证第四联,按实付贴现金额编制记账凭证。

借:银行存款(实付贴现金额)
   账务费用(贴现利息)
  贷:应收票据(贴现金额)

(4)在应收票据登记簿登记贴现情况。

(5)票据到期。汇票到期,由贴现银行通过付款单位开户银行向付款单位办理清算,收回票款。

(二)商业汇票贴现实例

【实例 4-9】2019 年 03 月 22 日,北京设备安装工程公司收到华盛实业股份有限公司开出的一张银行承兑汇票(见图 4-46)。北京设备安装工程公司因急需资金,当日持该汇票到银行申请贴现。经银行审核同意后办理贴现,银行年贴现率为 4.8%,贴现天数为 122 天。

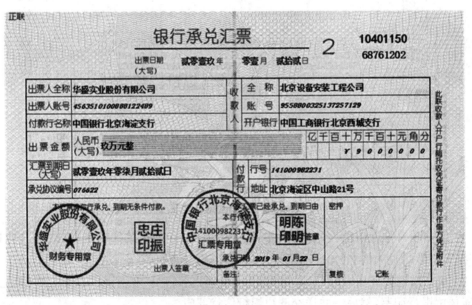

图 4-46 银行承兑汇票

(1)计算贴现利息和实付贴现金额:

贴现利息 = 90 000 × 122 × 4.8% ÷ 12 ÷ 30 = 1 464(元)

实付贴现金额 = 90 000 - 1 464 = 88 536(元)

(2)填写贴现凭证,如图 4-47 所示。

代申请书 贷方凭证 贷方凭证 收账通知 到期卡

贴现凭证（收款通知） ④

填写日期 2019 年 03 月 22 日　　第 23550322 号

贴现汇票	种类	银行承兑汇票	号码 68761202	申请人	名称	北京设备安装工程公司
	出票日	2019 年 01 月 22 日			账号	9558800325137257129
	到期日	2019 年 07 月 22 日			开户银行	中国工商银行北京西城支行
汇票承兑人（或银行）	名称	中国银行北京海淀支行	账号		开户银行	
汇票金额（即贴现金额）	人民币（大写）	玖万元整			千百十万千百十元角分	￥9000000
贴现率每月	4‰	贴现利息	￥146400	实付贴现金额		￥8853600

上述款项已入你单位账号。 此致 贴现申请人 银行盖章	备注：

此联银行给申请人的收款通知

图 4-47　填写完整的贴现凭证

（3）根据银行转回的贴现凭证第四联编制的记账凭证如下：

借：银行存款　　88 536

　　财务费用　　1 464

　　贷：应收票据　　90 000

任务六　汇兑结算

一、汇兑的概念及分类

（一）汇兑的概念

汇兑结算方式是汇款人（付款企业）委托银行将其款项支付给收款人的结算方式。

企业日常支付异地款项最常用的是汇兑结算。汇兑结算适用范围广，适用于异地单位、个体经济户和个人的各种款项结算。汇兑结算方式具有手续简单易行、灵活方便的特点，因而是目前应用极为广泛的一种结算方式。

（二）汇兑的分类

按照划转款项方法和凭证传递方式的不同，汇兑可分为信汇和电汇两种。

信汇是以邮寄的方式划转款项，费用较低、到账速度较慢，目前许多银行已经取消信汇业务，企业较少使用这种方式进行划款，其办理流程、填制的凭证同电汇类似。

电汇是指汇款人将一定款项交存汇款银行，汇款银行通过电报或电传联系目的地的分行或代理行(汇入行)，指示汇入行向收款人支付一定金额的一种汇款方式。电汇汇款不允许附带单证。电汇费用较高、到账速度快，是企业常用的结算方式。电汇按照款项到账的时间可以分为普通电汇和实时电汇，实时电汇又称加急电汇，可保证汇款人所汇款项在 2 个小时内到账。

电汇凭证一式三联，第一联为回单联(见图 4-48)，第二联为借方凭证联(见图 4-49)，第三联为汇款依据联(见图 4-50)。

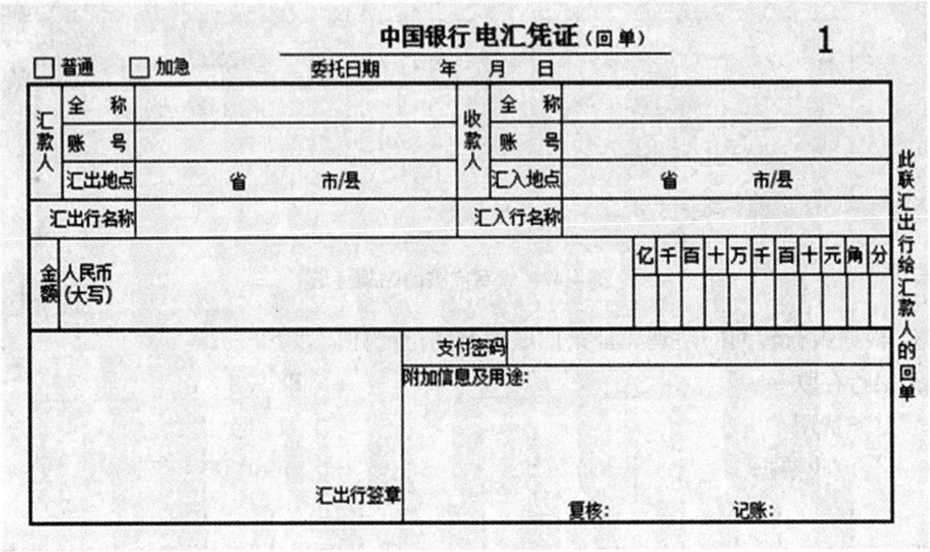
中国银行电汇凭证(回单) 1
□普通 □加急 委托日期 年 月 日
汇款人 全称 | 账号 | 汇出地点 省 市/县
收款人 全称 | 账号 | 汇入地点 省 市/县
汇出行名称 | 汇入行名称
金额 人民币(大写) 亿 千 百 十 万 千 百 十 元 角 分
支付密码
附加信息及用途:
汇出行签章 复核: 记账:
此联汇出行给汇款人的回单

图 4-48　电汇凭证第一联

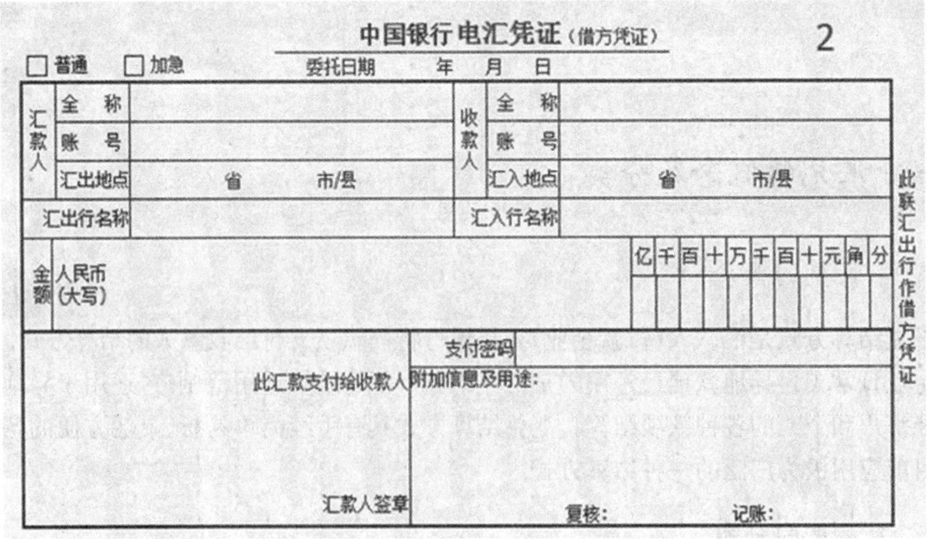
中国银行电汇凭证(借方凭证) 2
□普通 □加急 委托日期 年 月 日
汇款人 全称 | 账号 | 汇出地点 省 市/县
收款人 全称 | 账号 | 汇入地点 省 市/县
汇出行名称 | 汇入行名称
金额 人民币(大写) 亿 千 百 十 万 千 百 十 元 角 分
支付密码
此汇款支付给收款人 附加信息及用途:
汇款人签章 复核: 记账:
此联汇出行作借方凭证

图 4-49　电汇凭证第二联

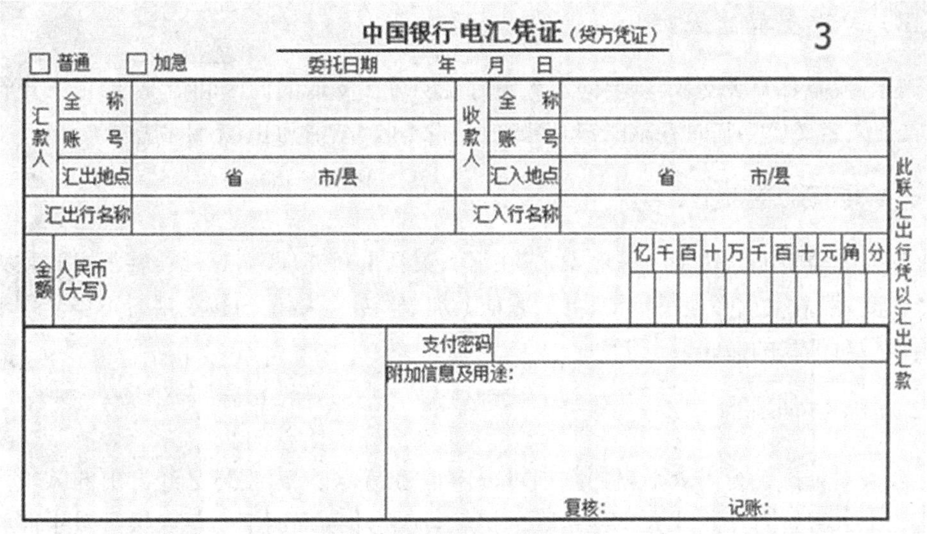

中国银行电汇凭证（贷方凭证）　3

☐普通　☐加急　委托日期　年　月　日

汇款人	全　称		收款人	全　称	
	账　号			账　号	
	汇出地点	省　市/县		汇入地点	省　市/县
汇出行名称			汇入行名称		
金额	人民币（大写）			亿千百十万千百十元角分	
			支付密码		
			附加信息及用途：		
				复核：　记账：	

此联汇出行凭以汇出汇款

图 4-50　电汇凭证第三联

【小贴士】

各地区各金融机构不同时期印制的电汇凭证样式略有差别，但需填写的项目及注意事项基本相同。有些银行将办理电汇、银行汇票、银行本票等业务的凭证统一样式，称为业务委托书。办理业务时，需要在相应的业务选项中画“√”，业务委托书样式与图 4-50 所示电汇凭证相似。

二、汇兑结算的特点及基本规定

（一）汇兑结算没有起点的限制

无论是信汇还是电汇，都没有金额起点的限制，款多款少都可使用。

（二）支取现金的规定

汇款人和收款人均为个人，需要在汇入银行支取现金的，应在信汇、电汇凭证的“汇款金额”栏填写“现金”字样，后填写汇款金额。款项汇入异地后，收款人需携带本人身份证件到银行一次性办理现金支付手续。

（三）留行待取的规定

汇款人将款项汇往异地需要派人领取的，办理汇款时，应在签发的汇兑凭证各联的“收款人账号或地址栏”注明“留行待取”字样。留行待取的汇款，需要指定单位的收款人领取汇款的，应注明收款人的单位名称。

（四）分次支取的规定

若汇出款需要分次支取，则要向汇入银行说明分次支取的原因和情况，经汇入银行同意后，以收款人名义设立临时存款账户，该账户只付不收，结清为止，不计利息。

（五）转汇的规定

收款人如需将汇款转到另一地点，应在汇入银行重新办理汇款手续，转汇时收款人和用途不得改变，汇入银行必须在信汇、电汇凭证上加盖"转汇"戳记。转汇银行不得受理汇款人或汇出银行对汇款的撤销或退汇。

（六）退汇的规定

汇款人对汇出银行尚未汇出的款项可以申请撤销，对汇出银行已经汇出的款项可以申请退汇。汇入银行对于收款人拒绝接受的汇款，应立即办理退汇。汇入银行对于向收款人发出收款通知2个月后仍无法交付的汇款，应主动办理退汇。

三、汇兑结算的业务流程

企业汇兑结算业务流程如图4-51所示。

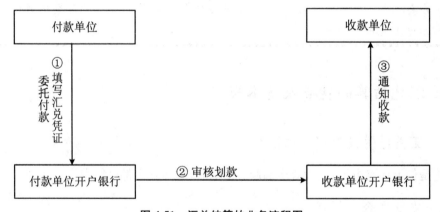

图 4-51 汇兑结算的业务流程图

（1）付款单位根据付款需要填写汇兑凭证，委托付款单位开户银行进行付款，付款单位开户银行接受委托，将业务回单交予付款单位。

（2）付款单位开户银行根据汇兑凭证上所载信息，将款项从付款单位账户划入收款单位账户。

（3）收款单位开户银行收到款项后，通知收款单位款项收讫，并将款项收讫的凭证交予收款单位。

四、汇兑结算的业务处理

【实例4-10】2019年08月07日，华盛实业股份有限公司购置上海市无名计算机销售公司的货物一批,价税合计 8 000 元,双方约定货款以普通电汇方式结算。当日,华盛实业股份有限公司的出纳人员到银行办理电汇结算手续,填制电汇凭证。上海市无名计算机销售公司开户行是中国银行上海浦东张扬分理处,账号是 4563510100888125325。

(1) 根据题意,汇款人办理汇款,填写电汇凭证。第二联如图 4-52 所示,此联汇款人签章处需加盖华盛实业股份有限公司在开户行的预留印鉴。

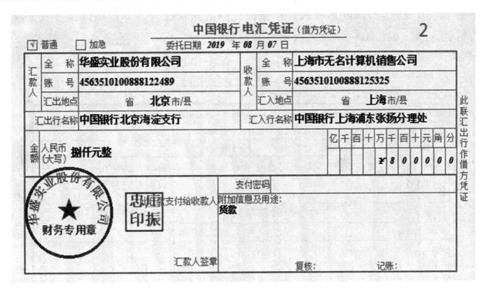

图 4-52 填写完整的电汇凭证

(2) 银行受理汇款人签发的汇兑凭证,经审查无误后,即可办理汇款手续,在凭证第一联回单联,加盖"转讫"章后退给汇款人,同时收取汇款手续费。汇款人根据回单联所做的账务处理如下:

借:固定资产　　　　　　　　　　　　　7 079.65
　　应交税费——应交增值税　　　　　　 920.35
　　贷:银行存款　　　　　　　　　　　　　　8 000.00

任务七　委托收款结算

一、委托收款的概念及分类

(一) 委托收款的概念

委托收款是收款人向银行提供收款依据,委托银行向付款人收取款项的结算方式。

（二）委托收款的分类

委托收款根据结算款项划回方式的不同分为委邮和委电两种，由收款人选用。

委托收款结算业务办理时，需要使用托收凭证。托收凭证一式五联，第一联为收款人开户银行给收款人的受理回单（见图4-53），第二联为收款人开户银行贷方凭证，第三联为付款人开户银行借方凭证，第四联付款人开户银行凭以汇款或收款人开户银行作为收账通知，第五联为付款人开户银行给付款人的按期付款通知。

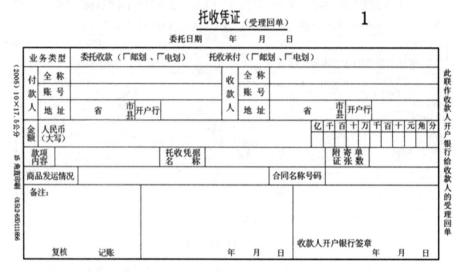

图 4-53　托收凭证第一联

二、委托收款结算的特点及基本规定

（1）委托收款在同一票据交换区（同城）和非同一票据交换区（异地）均可以使用。

（2）委托收款不受金额起点限制，凡是收款单位发生的各种应收款项，不论金额大小，只要委托，银行就给办理。

（3）对使用对象无严格限定，在银行或其他金融机构开立账户的企业和个人均可使用。

（4）委托收款付款期为3天。

（5）银行不负责审查付款单位拒付的理由。委托收款结算方式是一种建立在商业信用基础上的结算方式，即由收款人先发货或提供劳务，然后通过银行收款，但银行不参与监督，结算中发生的争议由双方自行协商解决。

三、委托收款结算的业务流程

企业委托收款结算的业务流程如图4-54所示。

（1）收款单位向付款单位提供商品或劳务，发生需结算的款项。

（2）收款单位持债务证明在收款单位开户银行办理委托收款手续，并取得银行受理业

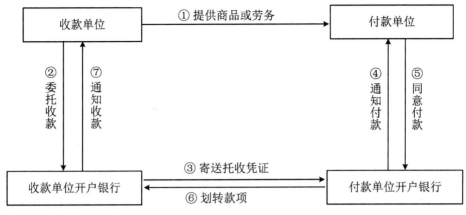

图 4-54　委托收款结算业务流程

务的回单。

（3）收款单位开户银行向付款单位开户银行寄送委托收款的凭证，并收取结算款项。

（4）付款单位开户银行接到委托收款凭证，向付款单位询问是否支付款项。

（5）付款单位接到通知后，按照与收款单位签订的购销协议，在 3 日内通知付款单位开户银行支付款项。

（6）付款单位开户银行将款项以邮寄或电报方式划入收款单位开户银行。

（7）收款单位开户银行通知收款单位款项已收妥。

四、委托收款结算的业务处理

（一）托收凭证的填写

【实例 4-11】 2019 年 05 月 23 日，华盛实业股份有限公司销售给上海中兴贸易有限公司电脑 5 台，价税合计 17 550 元，已开具增值税发票。同时办妥了货物发运手续，开具运费发票，价税合计 500 元。双方约定采用委托收款结算方式（邮划），华盛实业股份有限公司当日到开户行办理手续。上海中兴贸易有限公司的开户银行是中国银行上海嘉定支行，账号为 4563509048708098210。该项购销业务的合同号为 20190523。

（1）根据增值税发票和运费发票填写托收凭证，如图 4-55 所示。

（2）银行收到收款单位递交的托收凭证和有关单证后，按照有关规定进行认真审查，审查无误后办理委托收款手续，并在委托收款凭证第一联上加盖业务受理章后退还收款单位，同时按规定收取一定的手续费和邮电费。

（二）付款单位拒绝付款的业务处理

付款单位审查有关单证后，认为所发货物的品种、规格、质量等与双方签订的合同不符，或者因其他原因对收款单位委托收取的款项需要全部或部分拒绝付款的，在付款期内填制委托收款结算拒绝付款理由书，并加盖银行预留印鉴，连同有关单证送交开户银行。银行不负责审查拒付理由，将拒绝付款理由书和有关凭证、单证寄给收款人开户银行，由其转交收

托收凭证（受理回单）　　1

委托日期 2019 年 05 月 23 日

业务类型	委托收款（☑邮划、□电划）　托收承付（□邮划、□电划）					
付款人	全称	上海中兴贸易有限公司	收款人	全称	华盛实业股份有限公司	
	账号	4563509048708098210		账号	4563510100888122489	
	地址	省上海市县　开户行 中国银行上海嘉定支行		地址	省北京市县　开户行 中国银行北京海淀支行	
金额	人民币（大写）	壹万捌仟零伍拾元整	亿千百十万千百十元角分	¥ 1 8 0 5 0 0 0		
款项内容	货款	托收凭据名称	运输发票、增值税专用发票、销售单	附寄单证张数	5	
商品发运情况	已发		合同名称号码	20190523		
备注： 复核　记账		年　月　日		中国银行北京海淀支行 业务受理章 收款人开户银行签章 2019 年 05 月 23 日		

(2006) 10×17.5公分　15 角直印刷 0512-65011866

此联作收款人开户银行给收款人的受理回单

图 4-55　填写完整的托收凭证

款人。

拒绝付款理由书一式四联，第一联为回单或付款通知联（见图 4-56），第二联为借方凭证联，第三联为贷方凭证联，第四联为收账通知联。

托收承付 / 委托收款　结算　部分 / 全部　拒绝付款理由书（回单或付款通知）　1

拒付日期　年　月　日　　原托收号码

付款人	全称		收款人	全称		
	账号			账号		
	开户银行	行号		开户银行	行号	
托收金额		拒付金额		部分付款金额	亿千百十万千百十元角分	
附寄单证	张	部分付款金额（大写）				
拒付理由： 付款人签章						

此联银行给付款人的回单或付款通知

图 4-56　拒付理由书第一联

【实例 4-12】 承前例，2019 年 05 月 30 日，上海中兴贸易有限公司部分付款，根据合同规定，运费由华盛实业股份有限公司支付，因此拒付运费 500 元，支付 17 550 元，请代上海中兴贸易有限公司填写拒付理由书。

根据题意，上海中兴贸易有限公司填写拒付理由书，如图 4-57 所示。

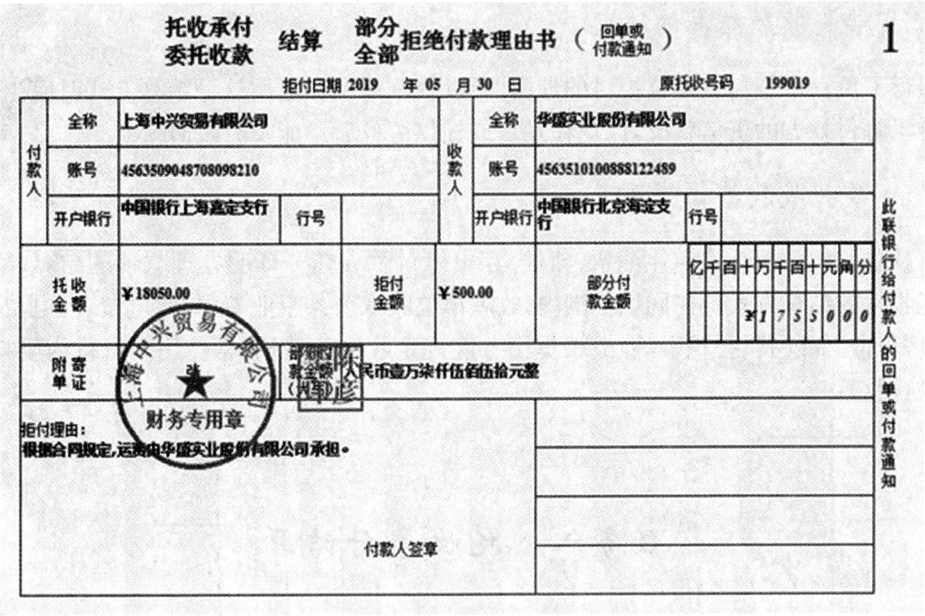

托收承付/委托收款 结算 部分/全部 拒绝付款理由书（回单或付款通知） 1

拒付日期 2019 年 05 月 30 日　原托收号码 199019

付款人	全称	上海中兴贸易有限公司	收款人	全称	华盛实业股份有限公司
	账号	4563509048708098210		账号	4563510100888122489
	开户银行	中国银行上海嘉定支行　行号		开户银行	中国银行北京海淀支行　行号
托收金额	¥18050.00	拒付金额	¥500.00	部分付款金额	¥1755000
附寄单证		部分付款金额（大写）	人民币壹万柒仟伍佰伍拾元整		

拒付理由：

根据合同规定，运费由华盛实业股份有限公司承担。

付款人签章

此联银行给付款人的回单或付款通知

图 4-57　填写完整的拒付理由书

（三）付款单位无款支付的业务处理

1. 付款单位的处理

付款单位存款账户资金不足支付时，应通过开户银行向收款单位发出未付款项通知书。按照有关办法规定，债务证明留存付款单位开户银行的，应将其债务证明连同未付款项通知书邮寄至开户银行，由其转交收款单位。

2. 收款单位的处理

收款单位收到开户银行转来的委托收款凭证及有关单证和未付款项通知书后，应立即与付款单位取得联系，协商解决办法。未付款项暂保留在应收账款中，留待进一步解决。

【小贴士】

付款单位逾期不退回单证的，开户银行应按照委托收款的金额自发出通知的第三日起，每日处以0.5‰但不低于50元的罚金，并暂停付款单位委托银行向外办理结算业务，直到退回单证为止。

五、委托收款结算的优缺点及适用范围

（一）委托收款结算的优点

（1）使用地域广。委托收款在同城和异地均可以使用，

（2）收款业务无限制。收款单位只要持有债务证明，就可以委托银行进行收款。

（二）委托收款结算的缺点

银行不负责审查付款单位拒付的理由，所以收款单位在选用这种结算方式时应当慎重，要充分了解付款方的资信状况，以免在发货或提供劳务后不能及时收回款项。

（三）委托收款结算的适用范围

收款单位凭已承兑的商业汇票、债券、存单等付款人债务证明办理款项的结算，均可使用委托收款的结算方式。在同城范围内，收款单位收取公共事业费（如水电费、邮电费、煤气费、公房租金、保险费、公积金等）或根据国务院规定收取的费用，常使用同城特约委托收款方式进行收款。

任务八　托收承付结算

一、托收承付的概念及分类

（一）托收承付的概念

托收承付是指根据购销合同由收款单位发货后，委托银行向异地付款单位收取款项，由付款单位向银行承诺付款的结算方式。

（二）托收承付的分类

托收承付结算方式分托收和承付两个阶段。承付方式包括验单承付和验货承付两种。托收承付结算款项的划回方式分邮寄和电报两种，由收款人选用。

托收承付结算使用与委托收款结算同样的托收凭证，具体样式如图4-53所示。

二、托收承付结算的特点及基本规定

（1）托收承付结算仅限收款人向异地付款人收取款项时使用。

（2）使用托收承付结算方式的收款单位和付款单位必须是国有企业、供销合作社，以及经营管理较好，并经开户银行审查同意的城乡集体所有制工业企业。

（3）办理托收承付结算的必须是商品交易款项，以及因商品交易而产生的劳务供应的款项。代销、寄销、赊销商品的款项不得办理托收承付结算。收付双方使用托收承付结算必须签有购销合同，并在合同上注明使用托收承付方式结算。

（4）托收承付的监督较为严格。从收款单位提出托收到付款单位承付款项，每一个环节都在银行的严格监督下进行。

(5) 每笔托收金额的起点为 10 000 元,新华书店系统每笔金额的起点为 1 000 元。
(6) 验单付款的承付期为 3 天,验货付款的承付期为 10 天。

三、托收承付结算的业务流程

企业托收承付结算的业务流程如图 4-58 所示。

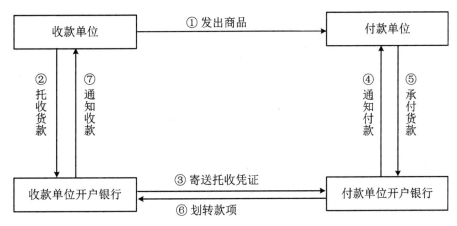

图 4-58　托收承付结算的业务流程

(1) 收款单位向付款单位销售商品,并取得商品确已发运的证明。
(2) 收款单位持销售合同及发运证明在收款单位开户银行办理委托收款手续。
(3) 收款单位开户银行向付款单位开户银行寄送委托收款凭证,收取结算款项。
(4) 付款单位开户银行接到托收凭证,向付款单位询问是否支付款项。
(5) 付款单位接到通知后,按照双方协议,在 3 日(验单付款)或 10 日(验货付款)内,通知付款单位开户银行支付款项。
(6) 付款单位开户银行将款项以邮寄或电报方式划入收款单位开户银行。
(7) 收款单位开户银行通知收款单位款项已收妥。

四、托收承付结算的业务处理

(一) 托收凭证的填写

收款单位办理托收承付应填写托收凭证,托收凭证的具体填写要求,参见实例 4-11 中的相关内容,唯一区别是在托收凭证的"业务类型"栏中选择"托收承付"。

(二) 付款单位的拒付

1. 拒付的条件或者理由

如果购货单位在承付期内发现下列情况,那么可向银行提出全部或部分拒绝付款:
(1) 没有签订购销合同或购销合同未注明托收承付结算方式;
(2) 未经双方事先达成协议,收款单位提前交货或逾期交货致付款单位不再需要该项货物；

(3) 未按合同规定的到货地址发货；

(4) 代销、寄销、赊销商品；

(5) 验单付款,发现所列货物的品种、规格、数量、价格与合同规定不符,或者货物已到,经查验货物与合同规定或发货清单不符；

(6) 验货付款,经查验,货物与合同规定或发货清单不符；

(7) 货款已经支付或计算有错误。

2. 拒付手续办理

(1) 付款人填写拒付理由书。付款人因以上情况提出拒绝付款时,必须填写拒绝付款理由书并签章,注明拒绝付款理由,涉及合同的应引证合同上的有关条款。

具体填写项目及要求,参见实例4-12中的相关内容。

(2) 银行受理。开户银行必须认真审查拒绝付款理由,查验合同。对于不属于以上7种拒绝付款情况的,以及超过承付期拒付和应当部分拒付提为全部拒付的,银行均不得受理,应实行强制扣款。

银行同意部分或全部拒绝付款的,应在拒绝付款理由书上签注意见。

（三）逾期付款的处理

1. 付款单位的处理

付款单位在承付期满日银行营业终了时,如无足够资金支付,其不足部分即为逾期未付款项,按逾期付款处理。付款单位开户银行对付款单位逾期支付的款项,应当根据逾期付款的金额和逾期天数,按每天0.5‰计算逾期付款赔偿金。赔偿金实行定期扣付,每月计算一次,付款单位开户银行负责进行扣款的期限为3个月。扣款期满,付款单位仍无足够资金支付该笔尚未付清的欠款时,付款单位开户银行应于次日通知付款单位,在两天内将有关单证（单证已做账务处理或已部分支付的,付款单位可以填制应付款项证明单）退回银行,银行将有关结算凭证连同单证或应付款项证明单退回收款单位开户银行,由其转交收款单位。应付款项证明单的样式如图4-59所示。

应付款项证明单

年　月　日　　　　　　　　　　　　　　　　第　　号

收款人名称		付款人名称	
单证名称		单证编号	
单证日期		单证内容	
单证未退回原因：		我单位应付款项： 人民币（大写） 付款人签章	

图 4-59　应付款项证明单

付款单位预期不退回单证的,开户银行应按照尚未付清欠款的金额自发出通知的第三天起,每天处以 0.5‰但不低于 50 元的罚款,并暂停付款单位向外办理结算业务,直到付款单位退回单证时止。

2. 收款单位的处理

收款单位收到开户银行转来的托收凭证或应付款项证明单后,应立即与付款单位取得联系,协商解决办法。对于部分付款的,应在收到款项时按照实际收到的金额编制银行存款收款凭证,将未付款部分暂时保留在应收账款中;对于无款支付的,可暂时保留在应收账款中,留待进一步解决。

五、托收承付结算的优缺点及适用范围

(一)托收承付结算的优点

信誉度高,款项回收有保障。托收承付的各个环节都在银行的严格监督下进行,付款单位拒付理由不成立的不得拒付,收款单位收款有一定的保障,信用度相对较高。

(二)托收承付结算的缺点

(1)仅限异地使用。同城的款项结算不得使用托收承付方式。

(2)对使用托收承付的收、付款单位性质有限制。使用托收承付结算方式的收款单位和付款单位必须是国有企业、供销合作社,以及经营管理较好,并经开户银行审查同意的城乡集体所有制工业企业。

(3)对使用托收承付的款项有业务限制。托收承付款项必须是商品交易和因商品交易而产生的劳务供应的款项。代销、寄销和赊销商品的款项不得办理托收承付结算。

(三)托收承付结算的适用范围

托收承付相较其他结算方式使用得较少,仅大型国有企业及集体企业在收取货款时会少量使用。

任务九 银行结算业务的会计核算

一、银行结算业务记账凭证的编制

银行结算业务记账凭证的编制要求同现金结算业务,具体要求见项目三的任务四。

二、银行存款日记账的建立、登记和结账

(一)银行存款日记账的建立

(1) 在账簿启用时,封面上应写明单位名称、账簿名称和账簿启用所属的年份。

(2) 在账簿扉页的启用及交接表上注明机构名称、账簿名称、账簿编号、账簿册数、账簿页数和启用日期,会计主管人员和记账人员应签名或盖章。更换记账人员时,应由会计主管人员监交,在交接记录内写明交接日期和交接人员姓名,并由交接人员和会计主管人员签名或盖章。账簿启用表具体样式如图 3-23 所示。

(3) 账页从第一页到最后一页按顺序编写页数,不得跳页、缺号。

(二)银行存款日记账的登记

银行存款日记账由出纳人员根据审核后的记账凭证(涉及银行存款增加与减少业务的记账凭证)进行登记;如果是使用收、付、转凭证的单位,则依据涉及银行存款增加与减少的收款凭证和付款凭证逐日、逐笔顺序登记。每日银行存款收付业务登记完毕后,应分别计算银行存款收入和银行存款支出的合计数,结出余额,每月将从银行取得的银行对账单与银行存款日记账相核对。月末结账时,分栏加计发生额。

1. 银行存款日记账的格式

银行存款日记账通常使用三栏式账页,由借方、贷方和余额组成。具体样式如图 4-60 所示。

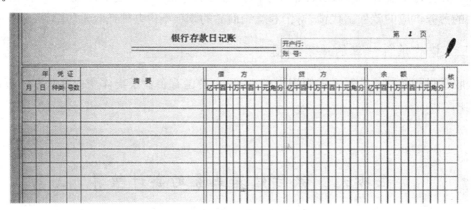

图 4-60 银行存款日记账

银行存款日记账的登记要领如下:

(1) 账页的页数。按银行存款日记账账页的顺序编写。

(2) 开户行及账号。根据单位的开户银行名称和在该行开户的账号填写。

(3) 年、月、日。根据记账凭证上的日期填写。

(4) 摘要。根据记账凭证上的摘要填写。涉及过账的,账页的第一行摘要应注明"期初余额""上月结余""上年结余""承前页"等,账页的最末一行摘要应注明"本页合计"或"过次页"等。

(5)凭证号。根据记账凭证的类型及编号填写。

(6)凭证种类和票号。根据所附原始凭证的种类与号码填写。

(7)借、贷方发生额栏。根据记账凭证上银行存款的借贷方向和金额填写。

(8)核对号。对账时填写。

(9)余额栏。根据余额计算结果填写。银行存款日记账的余额计算公式为:"本行余额=上行余额+本行借方"或"本行余额=上行余额-本行贷方"。

2. 登记银行存款日记账的基本要求

(1)以审核无误的银行存款收、付款凭证和现金付款凭证为依据。记账时,应将会计凭证的日期、种类和编号、业务内容摘要、金额等逐项记入账簿内。登账完毕,出纳人员要在收、付款凭证上签名或盖章,同时在会计凭证上注明所记账簿的页数或画"√",表示已经登记入账。

(2)账簿记录书写规范、字迹清晰,不得随便涂改。手工记账时,必须用蓝、黑墨水笔书写,不得用圆珠笔和铅笔书写。红色墨水只能在结账画线、改错和冲销错账时使用。登记有错误时,要按规定的错账更正方法进行更正,不得涂改、挖补、乱擦或用褪色药水消除原有字迹。

(3)按业务发生的先后顺序在账页上逐行、逐页地循序连续登记,不得隔页、跳行登记,不得任意撕毁账页。如果发生隔页、跳行登记,应将空页、空行用红色墨水对角画线,或者注明"本页空白""本行空白"字样,加盖"作废"戳记,并由记账人员签名或盖章。

(4)银行存款日记账的记录必须逐页结转。每记满一张账页时,应办理转页手续,即在该账页的最后一行结记本页发生额合计和余额,并在"摘要"栏中写明"过次页"或"转次页"字样;然后将发生额合计数和余额记入下一张账页的第一行,并在"摘要"栏中写明"承上页"或"承前页"字样。

(5)银行存款日记账必须逐日结出余额,并与银行定期送来的银行对账单核对相符。每月终了,要分别结计出本月银行存款的收、付合计数及本月余额,与银行存款总账核对相符。

(6)实行会计电算化的企业应定期打印银行存款日记账,并及时进行账务核对。

(三)银行存款日记账的结账

1. 结出余额

每日记完最后一笔数据后,结出当日余额,同时与银行存款核对相符。

2. 结出本期发生额

银行存款日记账须按月结出本月发生额,每月最后一笔数据登记完并加计"本日合计"后,在下面一行结出本月发生额。方法是把每日的收入发生额和支出发生额累加起来,在"摘要"栏内注明"本月合计"字样,下面再画一道通栏红线即可。

3. 年末结转

年度终了,在银行存款日记账的最后一笔数据结出"本日合计"和"本月合计"金额、余额后,还应在"本月合计"行下结出自年初起至本月末止的累计发生额,登记在月份发生额下面,在"摘要"栏内注明"本年累计"字样,再在下面画两道通栏红线,表示本年已全部记完银行存款收支业务。同时应在下一行"摘要"栏内注明"结转下年",这样年末银行存款余额自动结转下一年的年初,不需要人为把余额调平。年末余额结转后,银行存款日记账的账页有空行的不必画销。年初要换新账本时,将上年的期末余额作为下年的期初额,并在"摘要"栏内注明"上年结转"即可。

三、银行存款的清查

（一）银行存款清查的意义

银行存款清查是指企业的出纳人员和指定的会计人员定期（一般是每月末）或不定期与开户银行核对账目,以确定其是否账账相符。

对账之前,企业应将银行存款业务全部登记入账。账单核对时,可能会出现银行存款日记账余额与银行对账单同日余额不符的情况。不符的原因可能有三个方面：

（1）计算错误。计算错误是企业或银行对银行存款结存额的计算发生错误。

（2）记账错漏。记账错漏是指企业或银行对存款的收入、支出的错记或漏记。

（3）存在未达账项。未达账项是指企业或银行一方已取得结算凭证并已登记入账,而另一方尚未取得结算凭证因而未登记入账的账项。产生未达账项的主要原因是企业和银行收到结算凭证的时间不一致。产生未达账项主要有以下四种情况：

① 银行已经收款入账,企业尚未收款入账的款项。

② 银行已经付款入账,企业尚未付款入账的款项。

③ 企业已经收款入账,银行尚未收款入账的款项。

④ 企业已经付款入账,银行尚未付款入账的款项。

银行存款的清查是对出纳工作的一种监督管理,是保证账实相符、保障银行存款资产安全的基本措施。

（二）银行存款清查的工作流程与人员分工

银行存款清查一般按四个步骤进行：

第一步,将本单位的银行存款日账与银行对账单进行逐日逐笔核对,核对内容为结算种类、号码和金额。凡双方都有记录的,用铅笔在金额栏旁边画"√"。

第二步,核对后清理出各类未达账项。

第三步,编制银行余额调节表,计算调整。

第四步,将填制正确的银行存款余额调节表提交财务主管审核签章,报开户银行,清查完毕。

出纳人员应当及时将本期发生的银行结算情况反馈给分管会计人员,月末会同分管会计人员将银行存款日记账与总分类账进行核对,保证账账相符,并与清查人员一起核对银行存款日记账和银行对账单,编制银行存款余额调节表,并得到分管会计人员的审核认可,或者配合分管会计人员编制银行存款余额调节表,保证账实相符。

（三）银行存款余额调节表的编制

银行存款余额调节表的一般格式如表4-5所示。

表4-5 银行存款余额调节表

单位名称： 年 月 日 金额单位：元

项目	金额	项目	金额
银行存款日记账余额		银行对账单余额	
加：银行已收、企业未收款		加：企业已收、银行未收款	
减：银行已付、企业未付款		减：企业已付、银行未付款	
调节后的存款余额		调节后的存款余额	

编制银行存款余额调节表，一般采用补记法。其基本原理是假设未达账项全部入账，银行存款日记账及银行对账单的余额应相等。其计算公式如下：

调节后的存款余额（左方）＝企业银行存款日记账余额＋银行已收、企业未收款
　　　　　　　　　　　－银行已付、企业未付款

调节后的存款余额（右方）＝开户银行对账单余额＋企业已收、银行未收款
　　　　　　　　　　　－企业已付、银行未付款

调节后，左边和右边的余额应该相等。如果调节后双方仍不一致，则说明企业与银行至少一方记账有错误，应进一步核对。属于银行方面的原因，应及时通知银行更正；属于企业的原因，按照错账更正方法进行更正。

注：不能根据编制的银行存款余额调节表更改账簿记录。对于银行已入账而企业未入账的未达账项，企业不能根据银行存款余额调节表编制记账凭证，进行账务处理。企业必须在收到银行的收、付款通知时，才能进行账务处理。通过银行存款余额调节表，除了核对银行存款账目以确定银行存款账实是否相符外，还可以明确企业当时可以实际动用的银行存款数额。

【实例4-13】 根据北京阿里山有限公司2019年6月的基本存款账户（账号为4563509048708095429)的银行存款日记账（见图4-61）和6月底银行送来的银行对账单（见图4-62），编制银行存款余额调节表。

经逐笔核对，在银行存款日记账和银行对账单上进行标识，找出核对不符的账目。北京阿里山有限公司和银行双方有下列未达账项：

(1) 银行已收、企业未收的款项为40 000元；
(2) 银行已付、企业未付的款项为10 000元；
(3) 企业已付、银行未付的款项为73 500元。

据此编制银行存款余额调节表（见表4-6）。

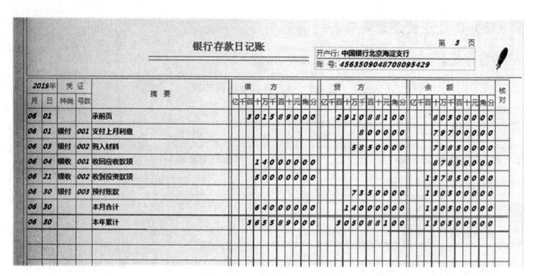

图 4-61 银行存款日记账

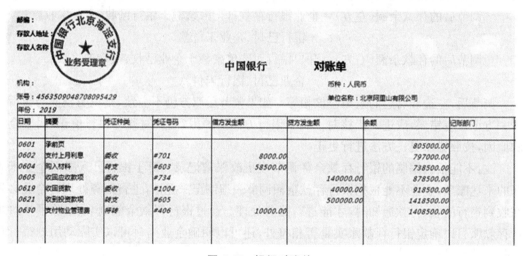

图 4-62 银行对账单

表 4-6 银行存款余额调节表

单位名称：北京阿里山有限公司　　　2019 年 6 月 30 日　　　　　　　　金额单位：元

项目	金额	项目	金额
银行存款日记账余额	1 305 000.00	银行对账单余额	1 408 500.00
加：银行已收、企业未收款	40 000.00	加：企业已收、银行未收款	
减：银行已付、企业未付款	10 000.00	减：企业已付、银行未付款	73 500.00
调节后的存款余额	1 335 000.00	调节后的存款余额	1 335 000.00

 学习小结

1. 银行结算账户是存款人在银行开立的办理资金结算的账户。单位银行结算账户按照其用途的不同可以划分为基本存款账户、一般存款账户、专用存款账户和临时存款账户。

单位银行结算账户的开立、变更和撤销要按照相关规定办理。

2. 银行结算方式分为票据结算方式和非票据结算方式。票据的结算方式有支票结算、银行本票结算、银行汇票结算和商业汇票结算，非票据结算方式有汇兑结算、委托收款结算和托收承付结算。这几种基本的结算方式各有其不同的特征、适用范围和结算办理流程，涉及的各种单据也有着具体的填写要求。

3. 企业应当设置"银行存款""应收票据""应付票据"等账户来核算业务。同时，应设置银行存款日记账，对银行结算业务进行序时登记。月末，需对银行存款进行清查，保证账实相符。

拓展训练

一、单项选择题

1. 下列关于基本存款账户的说法，正确的是（　　）。
   A. 存款人可以没有基本存款账户，但一定要有一般存款账户
   B. 基本存款账户不能支取现金
   C. 基本存款账户是存款人的主办账户
   D. 基本存款账户是存款人的非主办账户

2. 存款人因附属的非独立核算单位或派出机构发生的收入汇缴或业务支出需要，可以开立（　　）。
   A. 专用存款账户　　　　　　　B. 临时存款账户
   C. 一般存款账户　　　　　　　D. 基本存款账户

3. 根据《人民币银行结算账户管理办法》的规定，存款人申请开立、变更、撤销一般存款账户、专用存款账户和临时存款账户必须出具（　　）的证明文件。
   A. 专用存款账户开户登记证　　B. 一般存款账户开户登记证
   C. 临时存款账户开户登记证　　D. 基本存款账户开户登记证

4. 存款人变更下列事项，不需要在5个工作日内书面通知开户银行并提供相关证明，及时办理变更手续的为（　　）。
   A. 法定负责人变更　　　　　　B. 法定代表人变更
   C. 住址变更　　　　　　　　　D. 开户银行的改变

5. 根据《人民币银行结算账户管理办法》的规定，不得申请撤销银行结算账户的情况是（　　）。
   A. 存款人因迁址需要变更开户银行的
   B. 存款人被注销、被吊销营业执照的
   C. 存款人尚未清偿其开户银行债务，拟宣告破产的
   D. 存款人被撤并、解散的

6. （　　）是支付结算和资金清算的中介机构。
   A. 金融中心　　B. 证券机构　　C. 银行　　D. 财政部门

7. 下列票据中，不属于《票据法》调整范围的是（　　）。
   A. 汇票　　　　B. 本票　　　　C. 支票　　D. 发票

8. 下列关于票据和结算凭证填写的表述中，正确的是（　　）。

A. 中文大写金额数字必须用正楷书写

B. 中文大写金额数字到"角"为止的,在角之后必须写"整"字

C. 中文大写金额数字到"分"为止的,在分之后不需写"整"字

D. 票据的大写出票日期未按要求规范填写的,银行不予受理

9. 有关票据出票日期的说法,正确的是(　　)。

A. 票据的出票日期必须使用中文大写

B. 在填写月、日时,月为壹、贰和壹拾的应在其前加"壹"

C. 在填写月、日时,日为拾壹至拾玖的,应在其前面加"零"

D. 票据出票日期使用小写填写的,银行也应受理

10. 关于支票,下列表述错误的是(　　)。

A. 个人不能使用支票

B. 支票的基本当事人是出票人、付款人、收款人

C. 支票是见票即付的票据

D. 支票是由出票人签发的

11. 银行审核支票付款的依据是(　　)。

A. 出票人预留银行签章　　　　　　B. 出票人单位公章

C. 出票人法定代表人的签章　　　　D. 出票人单位公章加法定代表人的签章

12. 下列关于银行本票的提示付款期限的表述中,错误的是(　　)。

A. 银行本票见票即付

B. 提示付款期限自出票日起最长不得超过1个月

C. 持票人超过付款期限提示付款的,代理付款人不予受理

D. 持票人超过提示付款期限不获付款的,在票据权利时效内向出票银行做出说明,并提供本人身份证件或单位证明,可持银行本票向出票银行请求付款

13. 在票据背面或者粘单上记载有关事项并签章的票据行为是(　　)。

A. 出票　　　　B. 背书　　　　C. 保证　　　　D. 承兑

14. 根据支付结算法律制度的规定,下列有关汇兑的表述中,不正确的是(　　)。

A. 汇兑分为信汇和电汇两种

B. 汇兑每笔金额起点为1万元

C. 汇兑适用于单位和个人各种款项的结算

D. 汇兑是汇款人委托银行将其款项支付给收款人的结算方式

15. 下列关于托收承付的说法中,正确的是(　　)。

A. 托收承付结算每笔的金额起点为1000元

B. 新华书店系统每笔的金额起点为1万元

C. 验单承付为3天,应从购货单位开户银行发出通知的当日算起(承付期内遇法定节假日顺延)

D. 验货付款为10天,应从运输部门向付款人发出提货通知的次日算起,付款人在承付期内,未向银行表示拒绝付款,银行即视作承付,在承付期满的次日上午将款项划给收款人

16. 对银行存款进行清查,应该采用的方法是( )。
    A. 定期盘点法   B. 与银行核对账目法
    C. 实地盘存法   D. 和往来单位核对账目法
17. 通过银行存款余额调节表,调整后的银行存款余额为( )。
    A. 企业账上的银行存款余额
    B. 银行账上企业存款余额
    C. 企业可动用的银行存款数额
    D. 企业应当在会计报表中反映的银行存款余额
18. 华盛实业股份有限公司2019年6月30日,银行存款日记账的余额为101万元。经逐笔核对,未达账项如下:银行已收、企业未收款2万元;银行已付、企业未付款1.5万元。调整后的银行存款余额应为( )万元。
    A. 100   B. 101.5   C. 102   D. 103.5

二、多项选择题

1. 根据《人民币银行结算账户管理办法》的规定,下列各项中,可以办理现金支付的有( )。
    A. 一般存款账户   B. 临时存款账户
    C. 基本存款账户   D. 专用存款账户
2. 下列属于基本存款账户使用范围的有( )。
    A. 资金收付   B. 现金支取
    C. 工资、奖金的发放   D. 存入现金
3. 根据支付结算法律制度的规定,下列情形中可以申请开立异地银行结算账户的是( )。
    A. 营业执照注册地与经营地不在同一行政区域,需要开立基本存款账户的
    B. 办理异地借款需要开立一般存款账户的
    C. 存款人因附属的非独立核算单位发生的收入汇缴或业务支出需要开立专用存款账户的
    D. 异地临时经营活动需要开立临时存款账户的
4. 存款人有下列情形的,可以申请开立临时存款账户的有( )。
    A. 设立临时机构   B. 注册验资
    C. 基本建设资金   D. 异地临时经营活动
5. 办理支付结算时,必须符合( )基本要求。
    A. 单位、个人和银行应当按照《人民币银行结算账户管理办法》的规定开立、使用账户
    B. 办理支付结算必须使用按中国人民银行统一规定印制的票据和结算凭证
    C. 票据和结算凭证的填写应当规范、清晰,并防止涂改
    D. 票据和结算凭证上的签章和其他记载事项应当真实
6. 下列关于支付结算的说法中,正确的有( )。
    A. 票据和结算凭证是办理支付结算的工具
    B. 未使用按中国人民银行统一规定印制的票据,票据无效

C. 未使用按中国人民银行统一规定格式的结算凭证,银行不予受理

D. 单位办理支付结算必须使用按照中国人民银行统一规定印制的票据凭证和统一规定的结算凭证

7. ￥1 409.50,可以写成(　　)。

　　A. 人民币壹仟肆佰零玖元伍角　　　　B. 人民币一千四百九十元五角

　　C. 人民币壹仟肆佰零玖元伍角整　　　D. 人民币壹仟肆佰零玖元伍角正

8. 根据规定,下列关于支票的表述正确的有(　　)。

　　A. 支票主要用于同城转账结算,异地不能使用

　　B. 支票没有金额的限制

　　C. 用于支取现金的支票不能背书转让

　　D. 出票人只能在账户可用余额以内签发支票,不能透支

9. 下列关于支票签发的说法正确的是(　　)。

　　A. 支票的出票人在票据上的签章应为其预留银行的签章,该签章是银行审核支票付款的依据

　　B. 银行可以与出票人约定使用支付密码,作为银行审核支付支票金额的条件

　　C. 出票人不得签发与其预留银行签章不符的支票

　　D. 使用支付密码的,出票人不得签发支付密码错误的支票

10. 关于银行汇票的叙述中,正确的有(　　)。

　　A. 银行汇票一式四联,第一联为卡片,承兑行支付票款时作为付出传票

　　B. 第二联为银行汇票,与第三联解讫通知一并由汇款人自带,在兑付行兑付汇票后此联作为银行往来账付出传票

　　C. 第三联为解讫通知,在兑付行兑付后随报单寄签发行,由签发行作余款收入传票

　　D. 第四联是多余款通知,并在签发行结清后交汇款人

11. 商业汇票按照承兑人的不同分为(　　)。

　　A. 商业本票　　　　　　　　　　　　B. 银行汇票

　　C. 银行承兑汇票　　　　　　　　　　D. 商业承兑汇票

12. 下列关于商业汇票的表述中,符合法律规定的有(　　)。

　　A. 商业汇票的提示承兑期限为自汇票到期日起10日内

　　B. 商业汇票的提示付款期限为自汇票到期日起10日内

　　C. 商业汇票的付款期限最长不得超过6个月

　　D. 出票后定期付款的商业汇票,提示承兑期限为自出票日起1个月内

13. 根据规定,银行承兑汇票的出票人必须具备下列条件(　　)。

　　A. 在承兑银行开立存款账户的法人以及其他组织

　　B. 与收款人具有真实的委托付款关系

　　C. 与承兑银行具有真实的委托付款关系

　　D. 资信状况良好,具有支付汇票金额的可靠资金来源

14. 汇兑分为(　　)。

　　A. 信汇　　　　　B. 电汇　　　　　C. 票汇　　　　　D. 转汇

15. 根据《支付结算办法》的规定,下列各项中,(　　)属于汇票背书时应记载的内容。
   A. 背书签章　　　　　　　　　B. 背书日期
   C. 被背书人名称　　　　　　　D. 禁止背书的记载

16. 关于银行存款的清查,下列说法正确的有(　　)。
   A. 不需要根据银行存款余额调节表做任何账务处理
   B. 对于未达账项,等以后有关原始凭证到达后再做账务处理
   C. 如果调整之后双方的余额不相等,则说明银行或企业记账有误
   D. 对于未达账项,需要根据银行存款余额调节表做账务处理

三、判断题

1. 票据出票日期的大写日期未按要求规范填写的,银行可予受理,但由此造成损失的,由出票人自行承担。(　　)

2. 不论是验单付款还是验货付款,付款人都可以在承付期内提前向银行表示承付,并通知银行提前付款,银行应立即办理划款。(　　)

3. 凡是与支付结算的各种结算方式有关的法律、行政法规,以及各部门规章和地方性规定都是支付结算的法律依据。(　　)

4. 根据《票据法》的规定,本票的出票人就是付款人。(　　)

5. 商业汇票是指出票人签发的,委托付款人在见票时或在指定日期无条件支付确定金额给收款人或者持票人的票据。(　　)

6. 票据的出票指的是出票人依据《票据法》的规定在原始票据上记载法定事项并签章,制作成票据。(　　)

7. 临时存款账户有效期最长不得超过5年。(　　)

8. 存款人申请开立专用存款账户,应当向银行出具其开立基本存款账户规定的证明文件、基本存款账户开户登记证和相关证明文件。开立时,同一证明文件只能开立一个专用存款账户。(　　)

9. 一般存款账户可以办理现金缴存,但不得办理现金支取,而基本存款账户既可以支取现金,也可以缴存现金。(　　)

10. 单位设立的独立核算的附属机构开立基本存款账户,应出具主管部门的基本存款账户开户登记证和批文。(　　)

11. 签发现金银行汇票,申请人和收款人必须均为个人。(　　)

12. 付款人承兑商业汇票不得附有条件,承兑附有条件的视为拒绝承兑。(　　)

13. 根据规定,汇票上未记载付款日期的,为见票即付。(　　)

14. 证券交易结算资金专用存款账户可以支取现金。(　　)

15. 需要增加或者减少库存现金限额的,应当向开户银行提出申请,由开户银行核定。(　　)

16. 出纳人员可以登记的账簿为总账。(　　)

17. 银行存款日记账可以出现贷方余额。(　　)

18. 银行存款日记账余额与银行对账单上的余额不相等,一定存在未达账项。(　　)

19. 银行存款日记账期末余额应与银行对账单记录余额核对相符,如不相符,只要能说

清楚即可,不需要编制银行存款余额调节表调账。(　　)

20. 未达账项包括企业未收到凭证而未入账的款项和企业、银行都未收到凭证而未登记入账的款项。(　　)

四、简答题

1. 简述基本存款账户的使用范围。
2. 简述单位银行结算账户开立的步骤。
3. 企业通过银行账户结算的方式有哪些?
4. 试论商业承兑汇票结算与银行承兑汇票结算的异同点。
5. 简述银行汇票结算方式的业务流程。
6. 简述托收承付结算方式的适用范围。

五、实训题

1. 2019年02月16日,华盛实业股份有限公司签发现金支票,提取现金1515.80元,支付零星款。

要求:请签发现金支票,并做取款前的背书(见图4-63)。

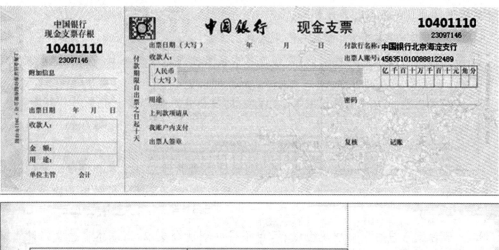

图4-63　空白现金支票

2. 2019年01月29日,华盛实业股份有限公司从宏叶制造厂购买涂料,价税合计70 200.00元,货款以转账支票形式支付。宏叶制造厂的开户银行为中国农业银行北京海淀支行,账号为32015202049903673。

要求:请分别从华盛实业股份有限公司、宏叶制造厂出纳人员的角度,完成签发支票和委托银行收款的工作(见图4-64、图4-65)。

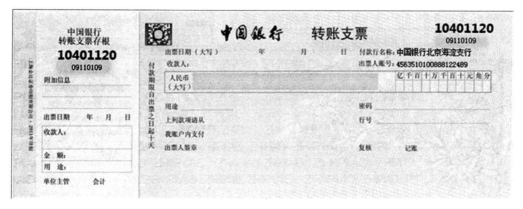

图 4-64 空白转账支票

图 4-65 进账单

3. 2019 年 10 月 10 日,为购买苏州港后体育器材有限公司的体育器材,北京明发商贸有限公司向开户银行申请签发金额为 200 000.00 元的银行汇票预付货款,约定的付款方式为转账。双方最终商定的实际结算金额为 180 000.00 元。北京明发商贸有限公司的开户行为中国工商银行北京西城支行,账号为 9558801009012136441。苏州港后体育器材有限公司的开户银行为中国工商银行苏州港后支行,账号为 9558800200358258730。

要求:请分别从北京明发商贸有限公司出纳人员、业务人员的角度完成银行汇票的申请和汇票实际结算金额的填制工作(见图 4-66、图 4-67)。

4. 北京明发商贸有限公司于 2019 年 01 月 06 日签发并承兑付款期限为 4 个月的商业承兑汇票一张,用以支付宏叶制造厂货款 58 500.00 元(该交易的合同号为 05006)。北京明发商贸有限公司开户行为中国工商银行北京西城支行,行号是 121000999162,地址为北京西城区百庄西里 56 号,该公司的账号为 9558801009012136441。宏叶制造厂的开户行为中国农业银行北京海淀支行,账号为 32015202049903673。

要求:请从北京明发商贸有限公司出纳人员的角度,完成签发商业承兑汇票的工作(见图 4-68)。

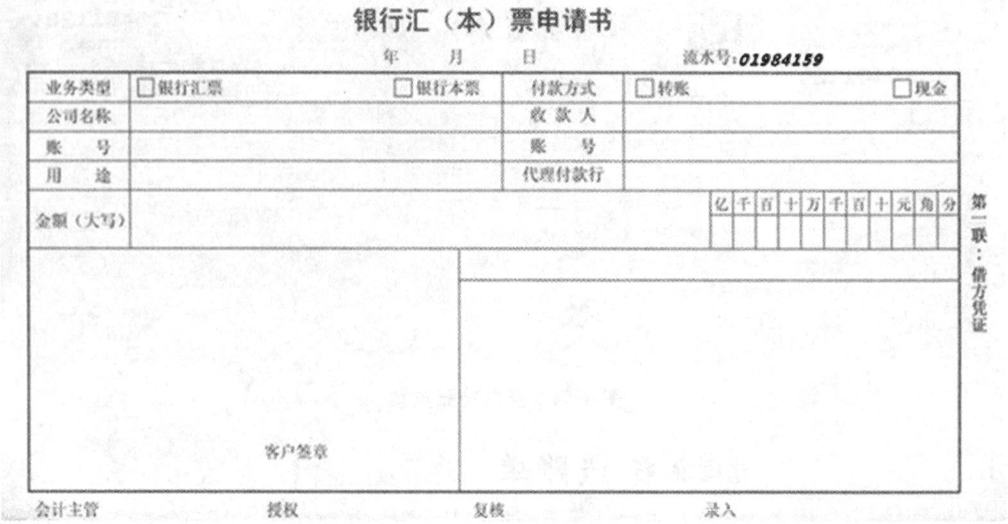

银行汇（本）票申请书

年　　月　　日　　流水号:01984159

业务类型	□银行汇票　□银行本票	付款方式	□转账　□现金
公司名称		收款人	
账　　号		账　　号	
用　　途		代理付款行	
金额（大写）		亿 千 百 十 万 千 百 十 元 角 分	

客户签章

第一联：借方凭证

会计主管　授权　复核　录入

图 4-66　银行汇(本)票申请书

工商银行

银行汇票　2　10201140 19859207

出票日期（大写）贰零壹玖年 零壹拾月 零壹拾日　代理付款行:　行号:

收款人:苏州港后体育器材有限公司

出票金额　人民币（大写）贰拾万元整　200000.00

实际结算金额　人民币（大写）　亿 千 百 十 万 千 百 十 元 角 分

申请人:北京明发商贸有限公司　账号:9558801009012136441

出票行:中国工商银行北京西城支行　行号:10210009991

备注:

凭票付款

出票行签章

密押:1876553262

多余金额　千 百 十 万 千 百 十 元 角 分　¥ 2 0 0 0 0 0 0 0　复核　记账

提示付款期限自出票之日起壹个月

此联代理付款行付款后作联行往账借方凭证附件

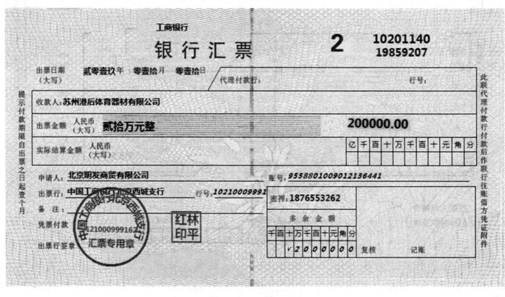

图 4-67　银行汇票

5. 2019 年 05 月 22 日，北京明发商贸有限公司从上海榕运商行采购货物，货款价税合计 80 000.00 元。根据合同规定，货款以普通电汇方式结算。北京明发商贸有限公司的开户行是中国工商银行北京西城支行，账号为 9558801009012136441。上海榕运商行的开户行是中国建设银行上海陕西南路分理处，账号为 4367420010523682475。

要求：请从北京明发商贸有限公司出纳人员的角度，完成电汇凭证的填制工作（见图 4-69）。

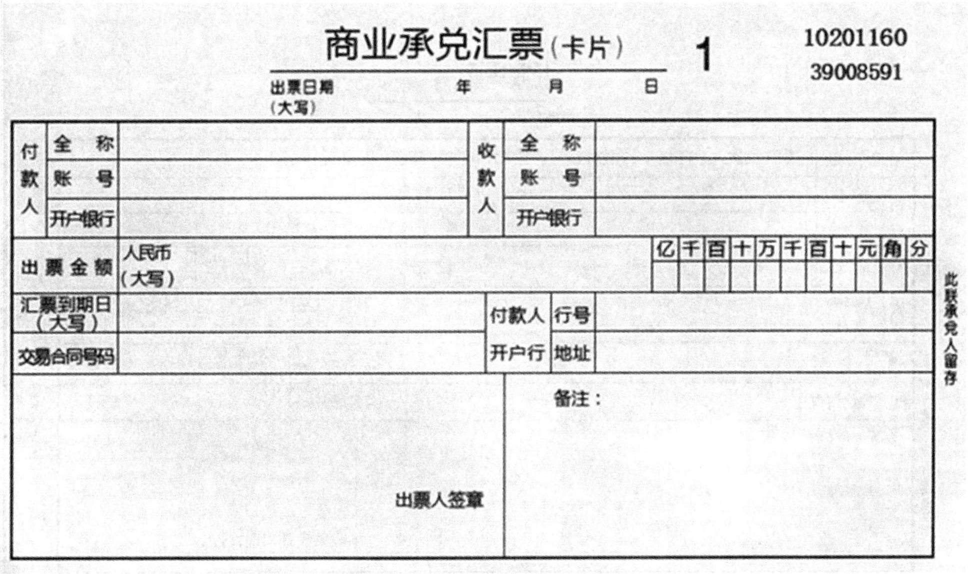

商业承兑汇票（卡片）　1　10201160 39008591

出票日期（大写）　年　月　日

付款人	全　称		收款人	全　称	
	账　号			账　号	
	开户银行			开户银行	
出票金额	人民币（大写）		亿 千 百 十 万 千 百 十 元 角 分		
汇票到期日（大写）			付款人开户行	行号	
交易合同号码				地址	
出票人签章			备注：		

此联承兑人留存

图 4-68　商业承兑汇票

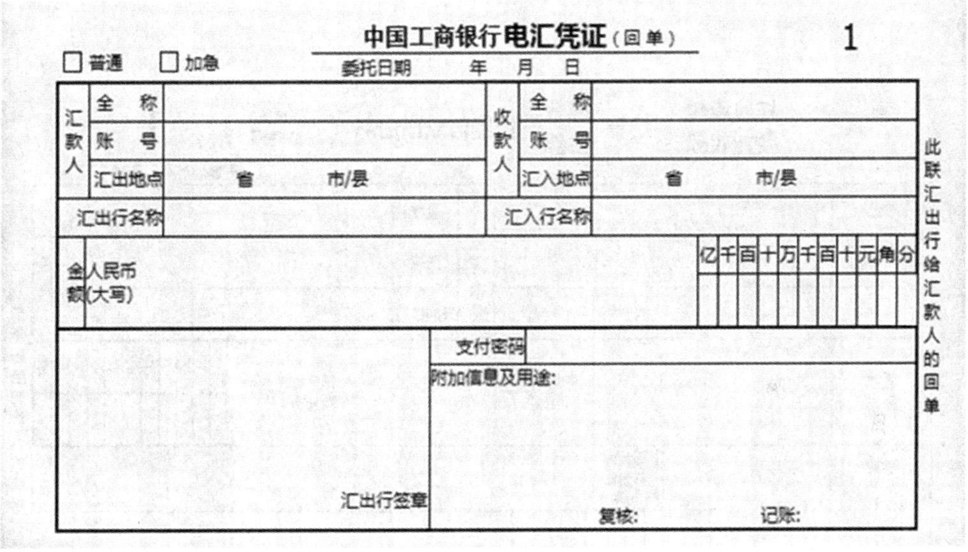

中国工商银行电汇凭证（回单）　1

□普通　□加急　委托日期　年　月　日

汇款人	全　称		收款人	全　称	
	账　号			账　号	
	汇出地点	省　市/县		汇入地点	省　市/县
汇出行名称			汇入行名称		
金额	人民币（大写）		亿 千 百 十 万 千 百 十 元 角 分		
汇出行签章			支付密码		
			附加信息及用途：		
			复核：　记账：		

此联汇出行给汇款人的回单

图 4-69　电汇凭证

6. 2019 年 11 月 28 日，华盛实业股份有限公司（国企）向上海东方集团有限公司（国企）销售产品一批，价税合计 23 400.00 元。双方约定采用托收承付结算（电划），合同规定采用验货付款（合同编号为 511411）。当日，华盛实业股份有限公司已将货物发出，垫付运费 600.00 元，并连同运费向银行办理好托收承付结算手续。2019 年 11 月 30 日，上海东方集团有限公司收到银行托收付款通知，因对方金额计算有误前来办理拒付，支付 23 000.00 元，拒付 1 000.00 元。上海东方集团有限公司开户银行是中国工商银行上海嘉定支行，账号为 9558801009012132093。

要求：(1) 请从华盛实业股份有限公司出纳人员的角度，完成托收凭证的填制工作（见

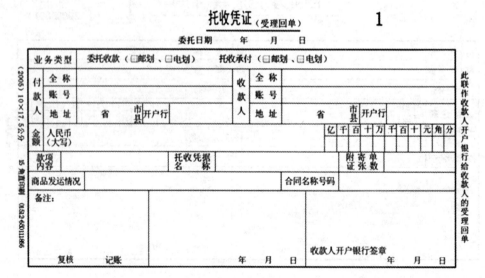

图 4-70 托收凭证

(2) 请从上海东方集团有限公司出纳人员的角度,完成拒付理由书的填制工作(见图 4-71)。

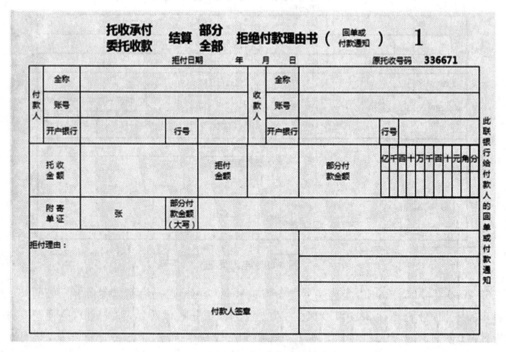

图 4-71 拒收付款理由书

项目五　出纳档案保管与工作交接

掌握《会计档案保管办法》中对出纳档案保管的有关规定；
理解出纳交接的内容和范围；
熟悉出纳交接的手续；
掌握出纳交接相关交接表的填制方法。

会办理出纳交接的手续；
能够正确地填制相关的交接表；
能够明确交接双方的责任；
明白在移交清单上签字的重要性。

案例导读

2019年6月1日，即将毕业的张晓光来到华盛实业股份有限公司实习，在财务主管张士达的安排下，他将跟随出纳员罗燕红学习出纳工作，并尽快完成工作交接。上岗的第一天，罗燕红便让他将上一年度的出纳资料进行整理、装订和归档，初来乍到的小张完全没有头绪，只好跑去向罗燕红请教，最终在罗燕红的指导下顺利完成了出纳资料的整理、装订和归档。2019年6月25号，由于工作变动，罗燕红将调离企业，财务主管张士达要求小张尽快与罗燕红办理交接手续，完成交接工作。接到通知后的小张便迅速开始准备交接工作，最终在2019年6月28日顺利地完成交接工作，成为一名正式的出纳人员，开始他职业生涯的新征程。

思考：出纳资料应该如何整理、装订和归档？小张是如何完成交接工作的呢？

任务一　出纳档案保管

一、出纳档案的保管范围

出纳档案是会计档案的重要组成部分,是记录出纳业务内容、明确相关经济责任的书面证明,一旦遗失或因保管不善而毁坏,将给出纳人员本人和单位带来严重的影响。因此,出纳人员必须按规定对有关的会计资料进行妥善的保管,确保会计档案记录的真实性、完整性、连续性和准确性。

出纳档案既包括会计凭证、会计账簿和财务报告等会计核算专业材料,也包括相关的重要凭证等。

(1) 会计凭证类:反映资金收付业务的原始凭证、记账凭证、汇总凭证及其他出纳凭证。

(2) 会计账簿类:现金日记账、银行存款日记账、其他货币资金明细账、辅助账簿及其他备查簿。

(3) 财务报告类:包括月度、季度、年度的出纳报告、附注及文字说明,银行存款对账单和银行存款余额调节表,其他出纳报告。

(4) 其他类:作为收付依据的合同及其他文件;按规定应单独存放保管的重要票证单据,如作废的支票、作废的发票存根联与发票、作废的收据存根联与收据;出纳盘点表和出纳考核报告等。

(5) 档案管理类:出纳档案移交清册、出纳档案保管清册以及出纳档案销毁清册。出纳人员对档案进行整理一般包括分类、装订和成册三个步骤。

会计档案管理

《会计档案管理办法》第四条规定:各单位必须加强对会计档案管理工作的领导,建立会计档案的立卷、归档、保管、查阅和销毁等管理制度,会计档案应妥善保管、有序存放、方便查阅,严防毁损、散失和泄密。

二、出纳档案的保管期限

档案的保管期限分为永久、定期两类。定期保管期限分为 10 年和 30 年两类(见表 5-1)。出纳档案的保管期限从会计年度终了后的第一天算起。

表 5-1　企业和其他组织会计档案保管期限表

序号	档案名称	保管期限	备注
一	会计凭证		
1	原始凭证	30 年	
2	记账凭证	30 年	
二	会计账簿		
3	总账	30 年	
4	明细账	30 年	
5	日记账	30 年	
6	固定资产卡片		固定资产报废清理后保管 5 年
7	其他辅助性账簿	30 年	
三	财务会计报告		
8	月度、季度、半年度财务会计报告	10 年	
9	年度财务会计报告	永久	
四	其他会计资料		
10	银行存款余额调节表	10 年	
11	银行对账单	10 年	
12	纳税申报表	10 年	
13	会计档案移交清册	30 年	
14	会计档案保管清册	永久	
15	会计档案销毁清册	永久	
16	会计档案鉴定意见书	永久	

三、出纳档案的保管责任

(1) 各单位每年形成的出纳档案,应当由会计机构按照归档要求负责整理立卷,装订成册,编制会计档案保管清册。出纳人员在年度业务核算过程中需保管相关的出纳档案,年度终了后,当年形成的会计凭证、会计账簿、银行对账单及银行存款余额调节表等会计档案可暂由会计机构保管 1 年,期满之后,应当由会计机构编制移交清册,移交本单位档案机构统一保管。未设立档案机构的,应当在会计机构内部指定专人保管,出纳人员不得兼管会计档案。移交本单位档案机构保管的会计档案,原则上应该保持原卷册的封装。个别需要拆封重新整理的,由档案机构会同会计机构和经办人员共同拆封整理,以分清责任。对于出纳人员为明确责任设立的登记簿和出纳人员编制的出纳报告等资料,应由出纳人员保管备查,具体保管年限按照企业内部控制制度的规定执行。

(2) 各单位保存的会计档案不得外借。如果有特殊需要,经本单位负责人批准,可以提供查阅或复制,并办理登记手续。查阅或复制会计档案的人员,严禁在会计档案上涂画、拆封和抽换。各单位应当建立会计档案的查阅、复制登记制度。

(3) 出纳档案的销毁。档案保管期限满,需要销毁时,应由本单位档案部门提出销毁意见,会同财务部门共同鉴定、严格审查,编造会计档案销毁清册,经本公司负责人审查批准后销毁。但其中未了结的债权、债务的原始凭证应单独抽出,另行立卷,由档案部门保管到结清债权、债务时为止。销毁档案前,应按会计档案销毁清册所列的项目逐一清查核对。各单位销毁会计档案时,应由档案管理部门、财务部门以及上级主管部门共同派员监销。档案销毁后,经办人在销毁清册上签章,注明"已销毁"字样和销毁日期,以示负责,同时将监销情况写出书面报告一式两份,一份报公司负责人,一份归入档案备查。

(4) 不得销毁的会计档案。对于保管期满但尚未结清债权、债务的原始凭证和涉及其他未了事项的原始凭证,不得销毁,应当单独抽出立卷,保管到未了事项完结时为止。单独立卷的会计档案应当在会计档案销毁清册和会计档案保管清册中列明。正在项目建设期间的建设单位,其保管期满的会计档案不得销毁,必须妥善保管。

(5) 采用电子计算机进行会计核算的单位,应当保存打印的纸质会计档案。

(6) 单位因撤销、解散、破产或其他原因终止的,在终止和办理注销登记手续之前形成的会计档案,应当由终止单位的业务主管部门或财产所有者代管,或者移交有关档案馆代管,法律、行政法规另有规定的,从其规定。

(7) 单位分立后原单位存续的,其会计档案应当由分立后的存续方代为保管,其他方可查阅、复制与其业务相关的会计档案。单位分立后原单位解散的,共有会计档案应当经各方协商后由一方保管或移交档案馆保管,各方可查阅、复制与其业务相关的会计档案。单位分立中未结清会计事项所涉及的原始凭证,应当单独抽出,由业务相关方保存,并按规定办理交接手续。

四、出纳档案的保管要求

出纳档案的保管是一个长期过程,为了保证档案在保管期限内的安全和有效,各单位必须加强档案的保管工作。出纳档案保管的具体要求如下:

(1) 档案记录必须真实、完整、准确、连续,不得擅自篡改、涂抹或歪曲档案记录。
(2) 档案整理、装订成册要按规定办理,做到不易散失、便于查阅。
(3) 档案记录必须按照规定的保存年限进行保管。
(4) 档案的使用、移交和销毁必须按照严格的程序办理。
(5) 档案不得外借、撕毁或遗失。
(6) 档案的存放地应当安全、防火、防盗、防潮及防虫。
(7) 档案资料应能积极地为本单位所利用。

【实例 5-1】见本项目的案例导读(略)。

出纳员张晓光对资料的整理、装订和归档可分为以下四步:

第一步,出纳资料整理。先将所有出纳资料进行分类,按凭证、账簿、印章、报告、软件资料和其他资料进行分类整理。

第二步，出纳资料的装订。按前面的分类，进行不同方法的装订和归置。凭证、账簿、报告类资料要分别进行装订，电算化资料还要进行刻盘存档。

第三步，编册。对于装订完毕的出纳资料，应当立卷成册，启用封面或扉页，用以记录每册的编号、所属单位、所属时期、其计号数及页数、经办人员等详细内容，并加盖单位公章和经办人员私章；在保管上有特殊要求的，可以加盖骑缝章或加贴封条。

第四步，送存。将全部资料编册完成后，按册送存档案室进行保管。

任务二　出纳工作交接

一、出纳工作交接的含义

出纳人员工作交接是指出纳人员因工作调动、离职或因病暂时不能工作时，与接管人员办理交接手续的一种工作程序。这是出纳人员对工作应尽的职责，也是分清移交人员和接管人员责任的重要措施。出纳交接要按会计人员交接的要求进行，未办清交接手续的，不得调动或者离职。

出纳人员办理交接手续主要有以下几个方面的原因：

（1）出纳人员辞职或离开单位；

（2）企业内部工作变动不再担任出纳职务，如出纳岗位轮岗调换到会计岗位；

（3）企业出纳岗位内部因增加或减少工作人员而进行重新分工；

（4）因病假、事假或者临时调用，不能继续从事出纳工作；

（5）因特殊情况如停职审查等，按规定不宜继续从事出纳工作；

（6）上述被代理人回到原出纳岗位恢复工作。

（7）企业因其他情况按规定应办理出纳交接工作的，如企业解散、破产、兼并、合并、分立等情况发生时，出纳人员应向单位或者清算组移交。

会计工作交接的相关规定

《会计法》第四十一条规定："会计人员调动工作，必须与接管人员办清交接手续。一般会计人员办理交接手续，由会计机构负责人（会计主管人员）监交；会计机构负责人（会计主管人员）办理交接手续，由单位负责人监交，必要时主管单位可以派人会同监交。"

《会计基础工作规范》第二十五条规定："会计人员工作调动或者因故离职，必须将本人所经管的会计工作全部移交接替人员。没有办清交接手续的，不得调动或者离职。"

二、出纳工作交接的内容

出纳工作交接的具体内容根据各单位的具体情况而定,情况不同,移交的内容也不一样。一般来说,出纳工作交接包括以下几个方面:

(1) 现金,包括现钞、外币、金银珠宝、其他贵重物品;
(2) 有价证券,包括国库券、债券、股票等;
(3) 支票,包括空白支票和作废支票;
(4) 发票,包括空白发票和已用发票(含作废发票);
(5) 收款收据,包括空白收据、已用收据(含作废收据);
(6) 财务印章,包括财务专用章、发票专用章、银行预留印鉴、现金收讫、现金付讫、银行收讫、银行付讫等;
(7) 会计凭证,包括原始凭证和记账凭证;
(8) 会计账簿,包括现金日记账、银行存款日记账和备查账簿;
(9) 其他会计资料和物品,包括银行对账单,应由出纳人员保管的证件、合同、协议。在实行会计电算化的企业,还包括会计软件及密码、会计软件数据磁盘、计算器、U盘等。

三、出纳工作交接的程序

(一) 交接前的准备工作

为了顺利做好交接工作,移交人和接交人在正式交接前应做好各项准备工作:

(1) 将尚未登记的收、支业务登记完毕,并在最后一笔余额后加盖个人私章。
(2) 现金账面与实际库存现金核对一致,银行存款账面余额与银行对账单核对一致。
(3) 在现金日记账、银行存款日记账启用表上填写移交日期,并加盖个人私章。
(4) 整理应移交的各种资料,对未了事项做出书面说明。
(5) 编制出纳工作交接表(见表5-2),列明应移交的资料。

表 5-2 出纳工作交接表

单位: 日期: 年 月 日

移交项目	备注
一、具体业务移交	
二、移交的会计凭证、账簿、文件	

续表

移交项目	备注
三、印鉴	
四、其他物品	
五、责任划分	
六、本交接书一式三份，双方各执一份，存档一份	

单位领导：　　　　移交人：　　　　监交人：　　　　接管人：

【小贴士】
交接空白支票、发票及结算业务申请书时，应当备注其票号，以备核查。

（二）交接阶段

出纳人员的离职交接必须在规定的期限内向接交人员移交清楚。接交人员应认真按移交清册当面点收。

（1）现金、有价证券要根据出纳账和备查账簿余额进行点收。接交人发现不一致时，移交人要负责查清。

(2) 出纳账和其他会计资料必须完整无缺，不得遗漏。如有短缺，由移交人查明原因，在移交清册中注明，由移交人负责。

(3) 接交人应核对出纳账与总账、出纳账与库存现金、银行对账单的余额是否相符，如有不符，应由移交人查明原因，在移交清册中注明，并负责处理。

(4) 接交人按移交清册点收公章（主要包括财务专用章、支票专用章和领导人名章）和其他实物。

(5) 接交人办理接收后，应在"出纳账簿启用表"上填写接收时间，并签名盖章。

（三）交接结束

交接完毕后，交接双方和监交人要在移交清册上签名或盖章。移交清册必须具备单位名称、交接日期、交接双方和监交人的职务及姓名，以及移交清册页数、份数和其他需要说明的问题和意见。移交清册一般一式三份，交双方各执一份，存档一份。

移交清册是出纳人员明确交接责任的书面证明，在实际工作中，它是根据财务制度和本单位的管理要求进行编制的。移交清册由移交表和移交说明书组成，具体包括物资移交表（见表5-3～表5-6）、核算资料移交表（见表5-7）和交接情况说明书。

移交人员对移交的会计凭证、会计账簿、会计报表和其他会计资料的合法性、真实性承担法律责任。这是对会计工作交接后，交接双方责任的具体确定。交接人员的责任划分以办妥交接手续的时间为界，移交人对移交前自己经办且已经移交的会计资料的真实性、完整性承担法律责任，即便接交人在交接时因疏忽没有发现所接会计资料存在问题，如事后发现，仍应由原移交人负责，原移交人不应以会计资料已经移交而推脱责任。

表5-3 库存现金移交表

币种：人民币　　　　移交日期：　年　月　日　　　　　　单位：元

序号	面值	数量	移交金额	接受金额	备注
1	100元				
2	50元				
3	20元				
4	10元				
5	5元				
6	1元				
7	5角				
8	1角				
合计					

单位领导：　　　　移交人：　　　　监交人：　　　　接管人：

表 5-4 银行存款移交表

移交日期： 单位:元

开户银行	币种	期限	账面数	实有数	备注
合计					

附:银行存款余额调节表　　份
　　银行预留印鉴卡片　　张

单位领导： 移交人： 监交人： 接管人：

表 5-5 有价证券、贵重物品移交表

移交日期： 单位:元

名称	购入日期	单位	数量	金额	备注
国库券					
债券					
股票					
合计					

单位领导： 移交人： 监交人： 接管人：

表 5-6 重要票据移交表

移交日期： 第　　页

名称	单位	数量	票据起止号码	备注
收据				
借款单				
现金支票				
转账支票				
（略）				

单位领导： 移交人： 监交人： 接管人：

表 5-7　核算资料移交表

移交日期：　　　　　　　　　　　　　　　　　　　　　　　　　　　　第　　页

名称	单位	数量	号码或册次	备注
收款凭证				
付款凭证				
现金日记账				
银行存款日记账				
（略）				

单位领导：　　　　　　移交人：　　　　　　监交人：　　　　　　接管人：

四、出纳工作交接书的编写

出纳工作交接书是指出纳人员因为各种原因不能从事本职工作时，需要办理交接手续，由移交方、接收方和监交方三方签名的书面移交文件，目的是为了划分移、接双方的责任。

常见的会计交接书内容如下：

(1) 交接日期；

(2) 具体业务的移交；

(3) 移交的具体内容，主要包括会计凭证、账簿、文件、会计印章等；

(4) 交接前后工作责任的划分；

(5) 移交人、接管人、监交人的签名盖章。

【实例 5-2】详见本项目的案例导读（略）。

原出纳员罗燕红工作调动，因此财务处决定将出纳工作移交给张晓光接管。罗燕红和张晓光在公司财务经理张士达的监督下，进行了出纳工作的交接。其具体步骤如下：

(1) 罗燕红将其手头的所有资料、物品进行清点，编制移交清册。

(2) 罗燕红当着张士达和张晓光的面，按照交接手册的内容，一项项移交给张晓光，张晓光逐一核对。

(3) 三人在出纳工作交接书上签字，交接工作完成。

知识拓展

出纳工作交接书

华盛实业股份有限公司原出纳员罗燕红，因工作调动，财务处已决定将出纳工作移交给张晓光接管。现办理如下交接：

1. 交接日期：2019 年×月×日。

2. 具体业务的移交：

(1) 库存现金：×月×日账面余额××元，实存相符，日记账余额与总账相符。

(2) 库存国库券：478 000 元，经核对无误。

(3) 银行存款余额：×××万元，经编制银行存款余额调节表核对相符。

3. 移交的会计凭证、账簿、文件：

(1) 本年度现金日记账一本。

(2) 本年度银行存款日记账两本。

(3) 空白现金支票××张(××号至××号)。

(4) 空白转账支票××张(××号至××号)。

(5) 托收承付登记簿一本。

(6) 付款委托书一本。

(7) 信汇登记簿一本。

(8) 金库暂存物品细表一份，与实物核对相符。

(9) 银行对账单1~10月份10本，10月份未达账项说明一份。

……

4. 移交的印鉴：

(1) 华盛实业股份有限公司财务处转讫印章一枚。

(2) 华盛实业股份有限公司财务处现金收讫印章一枚。

(3) 华盛实业股份有限公司财务处现金付讫印章一枚。

5. 交接前后工作责任的划分：2019年×月×日前的出纳责任事项由罗燕红负责；2019年×月×日起的出纳工作由张晓光负责。以上移交事项均经交接双方认定无误。

6. 本交接书一式三份，双方各执一分，存档一份。

移交人：罗燕红(签名盖章)

接管人：张晓光(签名盖章)

监交人：张士达(签名盖章)

华盛实业股份有限公司财务处(公章)

2019年×月×日

【小贴士】

出纳工作交接要做到两点，一是移交人员与接管人员要办清手续，二是交接过程中要有专人负责监交。交接要求进行财产清理，做账账核对、账款核对，交接完成后填写移交表，将所有移交的票、款、物编制详细的移交清册，按册向接交人点清，然后由交、接、监三方签字盖章，移交表存入会计档案。

学习小结

1. 本项目详细介绍了出纳归档资料的整理、保管和移交。

2. 出纳档案是指会计凭证、会计账簿和财务报告等会计核算专业资料，同时包括相关的重要凭证等，具体应保管的资料包括会计凭证类资料、会计账簿类资料、财务报告类资料、印章印鉴类资料、会计软件类资料、档案管理类资料和其他类资料。出纳档案必须经过分类并装订成册，严格按照国家规定进行保管、送存、调用和移交。

3. 出纳人员调动工作或离职时,必须与接管人员办理交接手续。一般会计人员办理交接手续,由会计机构负责人、会计主管人员监交,并严格按照程序进行移交。

 **拓展训练**

一、单项选择题

1. 出纳对归档资料进行整理,一般包括分类、装订和(　　)三个步骤。
   A. 成册　　　　B. 清点　　　　C. 核对　　　　D. 盘点

2. 下列关于出纳归档资料的保管的说法,错误的是(　　)。
   A. 未设档案机构的,应当在会计机构内部指定专人负责保管,出纳人员不得兼管会计档案
   B. 各单位保存的会计档案不得借出。如有特殊需要,经本单位负责人批准,可以提供查阅或者复印,并办理登记手续
   C. 在当年或会计期间内形成的会计档案,在会计年度终了后,可暂由会计机构保管一年,期满后,应当由会计机构编制移交清册,移交本单位档案机构统一保管
   D. 日记账的保管期限是15年

3. 下列关于会计资料销毁的说法中,正确的是(　　)。
   A. 保管期满但未结清的债权、债务的原始凭证和涉及其他未了事项的原始凭证,可以销毁
   B. 各单位按规定销毁会计档案时,应由档案部门和会计部门共同派人监销
   C. 国家机关销毁会计档案时,只需由同级财政部门派员监销
   D. 财政部门销毁会计档案时,无需同级审计部门派员监销

4. 下列关于出纳工作交接的说法中,错误的是(　　)。
   A. 一般会计人员办理交接手续,由会计机构负责人监交
   B. 会计机构负责人办理交接手续,由单位负责人监交
   C. 一般会计人员办理交接手续,由单位负责人监交
   D. 会计机构负责人办理交接手续,除由单位负责人监交外,必要时主管单位可派人会同监交

5. 出纳工作交接的内容不包括下列哪一项(　　)。
   A. 财产、物品及相关印章和资料　　　　B. 电算化资料
   C. 业务介绍　　　　D. 会计账册、凭证及报表销毁清册

6. 下列关于会计档案保管年限的说法中,错误的是(　　)。
   A. 原始凭证和记账凭证的保管年限均为30年
   B. 银行存款余额调节表的保管年限为30年
   C. 会计档案保管清册应永久保存
   D. 会计档案销毁清册应永久保存

7. 下列说法中正确的是(　　)。
   A. 出纳人员交接账簿时,接管人应核对账账、账实是否相符,核对无误后,接管人应在结账数字下签章

B. 出纳工作交接书是指对移交表中已列入的内容进行具体说明的文件

C. 出纳工作交接后,接管的出纳人员应及时向开户银行办理更换出纳人员印鉴手续

D. 交接后,移交人对自己经办的已经移交的资料不再承担责任

8. 出纳人员可以兼任(　　)工作。

A. 稽查

B. 收入、支出、费用、债权债务账目的登记

C. 会计档案保管

D. 固定资产明细账的登记

二、多项选择题

1. 出纳归档资料包括哪些(　　)。

A. 会计凭证　　　　　　　　B. 出纳账簿

C. 出纳报告　　　　　　　　D. 其他财务管理类的重要凭证

2. 出纳归档整理的账簿类资料包括(　　)。

A. 库存现金日记账　　　　　B. 银行存款日记账

C. 其他货币资金明细账　　　D. 辅助账簿及其他备查账簿

3. 会计档案定期保管期限分为(　　)。

A. 1年　　　　B. 30年　　　　C. 5年　　　　D. 10年

4. 下列关于出纳工作交接中的注意事项,正确的有(　　)。

A. 监交过程中,如果移交人不做交代或者交代不清的,不得离职

B. 移交时,交接双方一定要当面看清、点准、核对,不得由别人代替

C. 接管的出纳人员交接后可自行另立新账

D. 交接后,移交人应对自己经办的已经移交的资料的合法性、真实性承担法律责任,不因为资料已经移交而解除责任

5. 下列会计档案中,应永久保存的是(　　)。

A. 汇总记账凭证　　　　　　B. 会计档案保管清册

C. 会计档案销毁清册　　　　D. 总账

6. 在年度终了后,必须跟账簿一起装订成册的有(　　)。

A. 备查账　　　　　　　　　B. 各种活页账簿

C. 账簿启用及经营人员一览表　　D. 原始凭证

7. 各单位每年形成的会计档案,可以(　　)。

A. 整理立卷,装订成册　　　B. 销毁,以免泄密

C. 编制会计档案保管清册　　D. 交到上级主管部门

8. 出纳工作交接的印章包括(　　)。

A. 财务专用章　　　　　　　B. 现金收讫章与现金付讫章

C. 银行收讫章与银行付讫章　D. 银行预留印鉴

三、判断题

1. 企业档案部门可以会同会计部门对企业会计档案进行清理,编造会计档案销毁清册,将保管期已满的会计档案按规定程序全部销毁。(　　)

2.《会计法》所指对本单位会计资料的真实性负责的单位负责人,是指该单位财务部门的负责人。(   )

3. 当年形成的会计档案在会计年度终了后,编制成册后必须移交本单位的档案部门保管。(   )

4. 出纳人员需归档整理的资料除凭证、账簿和报告外,还包括作废的支票、发票、收据等其他重要凭证。(   )

5. 使用活页账或卡片账的,在归档时应加以装订并编制页码,对不宜装订的应当连号顺放,防止散落。(   )

6. 出纳账簿在更换新账簿后,应将旧账簿归入出纳档案。(   )

7. 会计档案销毁清册应由会计部门另行保存。(   )

8. 一般会计人员办理交接手续,须由单位负责人监交。(   )

9. 在整理应移交的各种资料时,若存在未了事项,出纳人员应对其写出书面说明。(   )

10. 各单位保存的会计档案不得借出,如有特殊需要,经本单位负责人批准,可以提供查阅或者复印,并办理登记手续。(   )

四、简答题

1. 简述出纳工作交接的内容。
2. 简述出纳档案的保管范围。

五、案例题

1. 2019年4月8日,长安股份有限公司会计科一名档案管理人员生病,临时交接工作,公司董事长李胜委托单位出纳员李青临时保管会计档案。该公司由出纳人员临时保管会计档案的做法是否符合法律规定?为什么?

2. 2019年7月30日,通达食品公司有一批保管期满的会计档案按规定需要进行销毁。公司档案管理部门编制了会计档案销毁清册,档案管理部门的负责人在会计档案销毁清册上签了字,并于当天销毁。该公司销毁会计档案的做法是否符合法律规定?为什么?

3. 某公司2019年1月30日新上任的出纳人员与原出纳人员办理交接工作,主管会计进行监督,盘点库存现金有8张100元、6张50元、10张20元、7张10元、9张5元、15张2元、30张1元、18张5角、4张2角、8张1角。

请根据上述资料填写库存现金移交表(见表5-8)。

表5-8 库存现金移交表

币种:人民币　　　　移交日期　　年　　月　　日　　　　　　单位:元

币别	数量(张)	移交金额	接交金额	备注
合计				

单位领导:　　　　移交人:　　　　监交人:　　　　接管人: